U0037020

楊郁文教授序

評介《初期佛教家庭倫理觀》

繼雄法師所著《初期佛教家庭倫理觀》一書，是本人擔任指導老師的畢業論文，以優等成績通過口試委員會鑒定；稍微修飾之後，更加完美，多位老師推薦成書出版。內舉不避親故，樂以爲文評論介紹；望諸方善士能留意是盼。

繼雄法師於馬來西亞追隨陳博士延進先生學習漢文、漢語，加上本身對文學之興趣，時常寫作；來此留學，勤學現代華語，與在地同學多所交往，更提高馭筆行文之能力。以留華學生能寫出如此語句通順、詞藻典雅的好文章，甚爲難得；表達意見清楚，用字遣詞確切恰當，不亞於本地中文系畢業生，讀者於閱讀本文時，立即可得印證。本文不只有其學術分量，在於宗教化導人生上，文章易讀、可解，能使人信受、奉行；這正需要上等行使語、文的能力，繼雄法師已具備如是功力。

本文之組織嚴密緊湊，章節安排適當。第一章緒論，提出撰寫本文的動機、研究的範圍、資料的取材、研究方法以及文章的結構；第二章敘述家庭的意義及和樂家庭的建立；第三章談論親子之情、父母生養之恩，以及子對親、親對子應盡的義務；第四章討論夫婦的倫理及互相應盡的義務；第五章議論兄弟姊妹的倫常及互相應盡的義務；第六章結論將整篇文章作一總結，反省佛陀的教授、教誡，賦予時代意義，普及佛教倫理於現代家庭生活。

家庭倫理相關之論文不少，然本篇論文多處見解猶甚特出。釐清「家庭」的概念，指出健全的家庭教育，對適應社會生活的重要性；同信正法、同守聖戒、正命謀生，爲安和的家庭、樂利的社會奠基。家庭成員間，各守本分、各盡其責，以合理德行相互對待；父母慈愛，子女孝順，中外古今皆然。文中引經，強調子女必須以正命如法獲財，報答父母養育之恩；爲父母者關愛子女，使之身體健康，人格健全，能以正常職業謀生。夫妻是最親密的伴侶，相敬、相愛、體貼、尊重、互信、互諒、忠貞、守節。同輩兄弟姊妹猶如手足，如此之關係亦可擴大到姻親戚友，互相敬愛、尊重、相互勉勵、規勸。總之，家庭、家族、家鄉乃至人間，都以四攝法結合善因，造作善緣，則可獲得和樂的家庭生活，過著美滿的人生。

本文之論述，依佛教經、論爲主，旁及異學經典乃至當代學術研究成果，不違情理論斷，配合自己生活經驗審察印證；論文之主旨在於反省「初期佛教家庭倫理觀」，賦予它「時代意義和使命」。研究之過程，當然先消化經論及有關著作，確定古聖先賢對人性善良面所立「家庭倫理」；亦隨時注意當今家庭倫理之紊亂反常，社會動盪不安，有所謀救。提供「正確的家庭倫理觀」作爲預防、保健用；確定當今家庭倫理病態，認出病因，開出治病之良方，維持「正當的家庭倫理生活法」。行之於文，或有先暢述己見，再以經論等佐證；或有引用經論文章於前，後加伸述議論。學術的論文，往往採用後者之方式，然宗教的論文，多用前者表現；兩者皆申己見，欲使他人信賴。但是，不知内情者，或有誤會作者先有既定之意見，然後隨手摘出經論等套入，以作證言；如是所言，則難免有過分主觀、獨斷作者用心之疑。

本文所參考資料，如「參考書目」所示，有數十種；其中引用南傳經、論及註釋書甚多，聖典語（Pāli-bhāsā）所傳承之經、律、論，對使用漢文、漢語翻譯，存在著許多困難以及問題。從語言學的、文法的、表面的翻譯，乃至合乎佛法的、實質的翻譯，在學術界或佛教界，都存有許多評論；加上閱讀經論或論文者，本身根器與法契合、相應與否，與譯者之語文概念相當與否，兩人一同對讀原文與譯文，意見必定有所出入。此篇論文翻譯聖典語之部分，此後讀者有更好更適當的譯法，或可提供作者參考！

總而言之，本篇論文內容充實、見解特出、論斷合理；人間佛教、人間佛法，本文可爲最佳佐證。對現代美滿家庭之建立、維護，可行又實用；當前佛教徒建設「佛化家庭」，其藍圖即在本文中。信佛教與否，任何現代人欲過「美滿人生」，冀望「美滿家庭」，宜詳讀、研究《初期佛教家庭倫理觀》一書。

楊郁文　謹言　於阿含學園　一九九五、一一、二八

自序

回顧中華佛學研究所的三年學涯，如過目雲煙，一瞬即逝。在這三年的學術訓練和薰陶下，雖已奠定了筆者的研究基礎，使筆者在思緒上更為明晰、嚴密、有條理，但自覺各方面的表現仍然不夠圓熟，故有發奮圖強，力爭上游之需。

在佛研所的三年研習期間，所方規定每位研究生皆須繳交畢業論文。故在研二下學年，筆者已開始尋找撰寫題目；在翻閱各方面論文集的目錄時，則發現似乎未有一篇依佛法的角度來論著有關社會倫理道德的文章。因此，筆者決定往這方向去探討，最後擬以「初期佛教家庭倫理觀」作為撰寫主題。

本文乃是一篇從佛法的觀點，探究如何才能建立起一個健全的家庭生活和獲得美滿人生的論文。此篇論文旨在論述和樂的家庭是建立在全體家族的感情上，同時亦是建立在家庭成員間的相互尊重、包容、忍讓、接納、肯定及同一信仰上；而經濟均衡也是促成家庭幸福、安穩的重要因素，故為了謀取生活所需，彼等皆應依循正當的職業，努力耕耘，方是可靠。對於所得之財，應該要善於處理、分配；且須量入爲出，避免浪費和慳吝。進而，若有餘力，也應取部分的盈餘來布施植福。

本文所說明的「初期佛教家庭倫理」思想，並非齊頭式的平等，或是單方的付出，而是從不同的人際關係，找出平衡點。換言之，初期佛教的家庭倫理觀，是建立在人與人之間相互共處的基本態度，及相互對待的合情、合理、合法的德行上。因爲佛教認爲一切眾生皆是平等，在眾生平等的法則下，彼此之間並無所謂「支配者」與「服從者」的關係。可是佛教並沒有否認人與人之間所存有的貴賤與優劣的現象，反而強調人的一切貴賤與優劣乃應決定於各人的行爲。但是由於各人的身份不同，故彼此間應有相互對待的關係和應盡的合理行誼。

是故，初期佛教所倡導的家庭倫理觀，乃是建立在每一家庭成員之間的相互對待之合理德行上，以及互相尊重的道德觀念上。因此，家庭組員（親子、夫婦、兄弟）之間應當互相尊重、敬愛、信賴、諒解、關懷、盡責、互助。並且在家庭組員的相互對待之合理行誼下，方能促進彼此間的親密和友善關係，並且過著一種合情、合理、合法的至善道德生活。

至於今日的社會，由於社會結構、家庭形態的改變，以及民主思潮的普遍流行，致使父子、兄弟、長幼之分，不太可能如以往那樣嚴格。故在講求「長幼有序」時，應著重在其精神，而非表面上的形式；更應從感情上的交流爲出發點——「互愛」、「感恩」、「奉獻」，不再用禮法來約束；讓每一個人發自潛在的「愛心」去孝順父母、尊敬長上、慈愛晚輩。並且依真心實意、真誠懇切的良知、良心去塑造秩序井然、有情有義的和樂家庭與社會。

雖然人類的習俗、禮儀、風尚，隨著時空的變遷與社會結構的不同而改變，但是人性上的道德規範，大體上無有古今中外之別。所以佛陀於二千五百餘年前所宣說的家庭倫理觀，不但不會因時空的不同而被陶汰。反而能夠作爲當今家庭生活的借鏡與反省。對今日社會而言，它不僅適用且有參考的價值；故可應用它作爲建設當今美滿家庭的藍圖。

在撰寫此篇論文的過程中，楊師郁文教授在觀念上和研究方法上給我許多的斧正和啟迪；並透過老師的細心、耐心指導下，讓筆者釐清了某些觀念上的困擾和注意到一些易以被忽略的問題及觀念。除了從楊老師那裡學習到研究方法之外，亦從老師的教學中認識到阿含學的教義，並建立起佛法知見。

由於本篇論文著重在初期佛教領域的探討，故在撰寫過程中引用不少巴利原典文獻作爲參考資料，而筆者又是初次接觸巴利文，唯恐在翻譯上有損及原意，故儘量參照英、日譯本以資印證，並且得助於達和法師和楊師郁文在譯文上的修正與指點。然，爲了避免對佛音論師（Buddhaghosa）所註之《教授尸迦羅越經注疏（Sigālovada-sutta-vaṇṇanā）》，在翻譯上有所失真，故曾與祥智法師參照泰譯本進行討論。對於以上二位師長及祥智學長的協助與指正，筆者謹此致上由衷的謝忱。

一件事務的完成，必由種種因緣所促成，而本論文也不例外。首先，感謝「中華佛學研究所」創辦人聖嚴法師的慈悲栽培及所中三年來所提供的良好研究環境。其次，感謝諸位師長三年來的引導與培育；常住法師、居士們的護持與愛戴；學長、同學們在課業上互相切磋及生活上的照顧，方促使本論文得以順利完稿。

最後，再次感謝楊師郁文教授在百忙中，抽出寶貴的時間爲本文賜序，增添了本文的另一重價值與光彩。並謝謝聖嚴法師慨允本書由法鼓文化出版。

本篇論文之撰述，在資料的蒐集、取捨；問題的探討、處理及翻譯上，雖已竭盡心力，但難免有疏漏和不當之處，敬請諸位學者先進，不吝指正是幸！

繼雄　序於馬來西亞　檳城　白雲蘭若　一九九五年一月八日

目錄

第一章　緒論

時代的巨輪，總是向前推進，永不停留。同樣地，受到時空支配的森羅萬象，亦隨著時間的流逝而變遷。所以，隨著時代背景及地理環境的不同，形成了各種不同的區域文化和社會風俗。人類的文化既然是隨著時代巨輪而演變，那麼經過數十年時光洗禮的民族文化和社會風俗，必定有其差異性，更何況是經歷百年、千年的歲月變化。就拿上古印度的風土民情與佛陀時代的社會風俗來說，它在歲月的變遷下也遭遇同一命運、不斷演變。其絕對不可能一成不變的，否則就沒有物質文明的進展、科技的發達可言。

一個民族的文化，在歷史的洪流中，眼看它興衰交替、高低起伏，甚至因種種內憂外患而滅亡。在面對這種不同文化和時代思想的衝擊下，一個民族文化本身所作出的種種回應，是發展過程中所不能避免的。如果本土文化本身具有強韌的生命力，必能將外來文化的沖擊內化加以吸收。倘若對於外來的挑戰能夠給予適當的回應，同時能夠化解本身的問題，那麼此一文化就能推向另一個高峰，否則便會衰退或滅亡。

然而，社會生活習俗的現象，也不是偶然產生的，它不可能離開其時代思潮和社會背景而單獨存在。是故，假使我們想要了解初期佛教的家庭倫理狀況之前，實有必要預先了解上古印度的社會背景和當時印度的現實環境，這樣方能了解其真實意義。上古印度與當時印度的社會型態、思想界狀態與初期佛教教徒的社會生活均有著密切的關聯性。爲了更清楚地理解初期佛教的家庭倫理，對於當時的社會狀況及釋尊對當時民眾的教誡內涵，是不可漠視而應有所回顧與追溯。

因此，本研究是從原始佛教聖典的教義，探討釋尊如何論述家庭倫理及教誡在家眾，過著更有意義，更爲安樂的生活。故重點比較偏重於世間法的闡述；其主要目的在於讓世人明白，佛教雖然重視內心的淨化和煩惱的解脫，但是並沒有忽視世俗正行，而且肯定佛法對世人的價值。同時，想將釋尊所闡揚的家庭倫理，供給社會群眾作爲日常生活的參考指南。設使釋尊所流傳下來的遺教和精神，能深入社會民間，且人人能依照其教法去實踐的話，不但能提昇人的道德觀，促進社會人群之間的和合、安樂，還能使現實的人生更美滿，未來也能生於天上人間，進而實現祥和的人間淨土。並且希望此研究成果能達到利他的效用，此爲筆者撰寫本文的主要動機。

其次，依社會科學和大眾心理學的觀點來論著有關家庭倫理之相關論文不少；但依筆者所蒐集到的相關資料，卻發現似乎尋覓不到，有關以初期佛教聖典爲材料所發表的家庭倫理觀之文章。一因資料不多（其多數以片段的形態出現，且散布在各個經典）；二因此一問題爲一般人所忽視，或認爲不足掛齒（因一般認爲佛教所談的是出世法，解脫道）。故筆者爲了讓大眾知道，初期佛教聖典中除了記載許多有關修道論之資料外，也載有一些關於家庭生活倫理的資料。因此之故，筆者嘗試從初期佛教聖典及相關文獻所蒐集到的資料作一撰述，此爲撰寫本文的另一動機。

在方法上，本論文主要是依據原始佛教聖典所記載有關人倫道德（親子、兄弟、夫婦）之種種看法、述說，加以分析、歸納，然後從社會倫理及哲學的角度加以詮釋，而非文獻的整理與羅列。其次，依歷史的發展對於相同的傳本作一比對（如《善生經》、《玉耶經》）；另，從文化史的觀點對原始佛教聖典的內容、價值作一探討。同時，應用近代學者的相關研究成果，以及相關的資料加以分析、歸納、綜合，再配合學術成果加以研討。

本論文研究範圍，將以初期佛教①爲探討對象。因爲佛教流傳至今已有二千五百餘年的歷史；在此漫長的歲月中，隨著時代的變遷和生活環境的不同，人們對於社會的道德觀，皆持有不同的看法。若要依各各不同的看法，一一加以論述的話，實非筆者現有能力所能撰述的。爲了能更深入去掌握初期佛教的原貌（精神）和教義，筆者冀以初期佛教這段時期作爲研究範圍，且對於佛陀所論述的家庭倫理作深入的探討。

在資料取材上，擬以漢譯四阿含、巴利五尼柯耶（Pañca nikāyā）和漢、巴律藏爲主要原始資料，另以近代學者的研究成果，爲參考資料根據。同時，亦依據相關的文獻，並配合經典中所記載有關人與人間的相處之道去專研；且希望透過所蒐集到的相關資料，剴切論述初期佛教家庭倫理觀。

本文所謂的「家庭倫理（family ethics）」一詞，主要在論述家庭成員之間在相處上應該持有的態度，亦即是家庭成員之間相互應盡的責任與義務。胡中生對於家庭倫理解說爲：

「家庭倫理是調整家庭成員之間關係的行為規範或準則，是社會倫理道德的組成部分，又稱家庭道德。」②

關於「倫理」的詞義，依據東漢許慎所撰之《說文解字注》說：

「倫字從人侖聲，輩也。」

「理字從玉里聲，治也。」

東漢鄭玄所注之《禮記》說：

「倫，猶類也；猶分也。」③

由此可知，「倫」字的本來意義，是指所有一切事物的類別，並不是專講人倫的區別。至於「理」字的本來意義，是指治玉而言。清代段玉裁所撰之《許慎說文解字注》說：

「玉雖至堅，而治之得其理，以成器不難，謂之理。」

因此「理」有解析精微適切的意思，亦是精細辨析萬物間自然存在的法則。雖然所有一切事物各有不同的類屬，可是彼此之間並沒有徹底探究相互對待的條理。萬物彼此之間不但具有「倫」別，而且更著重於「理」。而「倫理」一詞，在中國古代典籍中早已提到，例如：《小戴禮》〈樂記〉說：

「樂者，通倫理者也」、「論倫理無患，樂之情也」、「樂行而倫情」；

《論語》說：

「言中倫」、「欲潔其身而亂大倫」；

《中庸》說：

「行同倫」。

另外在周代後期孟、荀之時，已有應用倫理之觀念，說明人類社會相互合作的生活關係。《孟子》〈滕文公上篇〉說：

「使契為司徒，教以人倫」。

又《荀子》〈儒效篇〉說：

「人倫盡也」。

由此可知，倫理的中心思想是著重在人與人、人與團體、人與社會、人與國家的關係。換言之，即是人與家庭、鄰里、社會、國家和世界人類的關係。而彼此之間在相處上應該持有怎樣的態度，這就牽涉到人類道德的價值觀。大體上亦即是依人類的道德價值來判定行爲的標準。從以上的敘述中，可以得知「倫理」一詞的原意，雖然在早期廣泛地被應用在萬事萬物上，但是後來經過逐漸的演變，就只限於人類的範疇，區別人們之間的類別與關係。如「五倫」中所說：

「父子有親，君臣有義，夫婦有別，長幼有序，朋友有信。」

此五種倫別即是孟子所竭力提倡的「教以人倫」。亦即是教導我人明瞭人與人之間關係的道理。如果用「五倫」二字來指「人倫之道」的運用而言，那當然不止「五倫」，而是涵蓋我們日常生活的一切行爲。在日常生活中，我們應該嚴守一切舉止言語，並且持有一貫不變的節操，這樣方能長久維持個人和社會的和睦、安寧。由此可知，這五種倫別在我們日常生活中是不可或缺的，因爲「倫理」是人類日常生活中之人際關係的價值規範。

「人倫道德」即是人與人之間相互對待的合理德行，以及互相尊重的道德觀念。研究人倫道德的學問稱爲「倫理學」。「倫理學」一般被定義爲「研究道德、品行的科學。」④依《大英百科全書(Encyclopaedia Britannica)》中,H.H. 威廉斯(H.H. Williams)的陳述是:

「就廣義而言,『倫理學』一詞當指對人類一般品格和習慣的研究,甚至包括對不同時代中特定社會群眾的習慣描述或其歷史。……就人類品格和行為,乃至其所顯現的某些道德原理而言,倫理學常被侷限在人類品格和行為的特定領域。人們一般以諸如善惡、對錯等籠統的形容詞劃分其自身與別人的行為品格,倫理學研究的正是這些形容詞的意義和範圍;基本上是研究它與人類行為的關係,最終則是研究它的終極與絕對意義。」⑤

布萊德蘭(Bradlay)的解釋是:

「倫理學亦稱為道德哲學,其原理關連到什麼是行為的善惡、對錯。這術語亦應用在任何道德價值或道德規範的體系或原理上。」⑥

又,H. Saddhatissa 在《佛教倫理學》一書中說:

「考慮到佛教倫理學,這些問題基於兩條理由可以重新安排。第一條:按照佛教和其他印度思想,最高境界是超乎善惡的。第二條:按照佛教,道德教諭與直接附屬於理想境界的東西，兩者之間沒有斷層；在德行中充分提升的人性會不斷超越普遍的時空限制——不論這些詞項是從物理學觀點來解釋，或用歷史和地理的階段位置來解釋皆同。……事實上，佛教徒所熟知的道（magga），正是每個人由親身履行一般德行開始，直趨超善惡之出世境界的道路。從這個角度來說，佛教可說有很徹底的倫理研究。」⑦

由上述諸說之中，即可發現研究倫理學的範圍，不出探討倫理的根本原理，人生的行爲價值，以及人與人之間應負的責任與義務。

本文所探討的「初期佛教家庭倫理觀」，可說是站在佛法的立場來鑽研的。其內涵主要在論述一個溫馨和諧的家庭是建立在全體家族的感情上；而一個充滿溫情的家庭，須由真誠的信仰、慈愛、感恩與奉獻中建立起來，並且有賴于全體家庭成員同心協力去創造、維持與改善。

再者，經濟的充裕也是促成家庭幸福、安穩的重要因素，故爲了謀取生活所需，彼等應先鍛鍊自己、學習技能，以及建立起「正命」的人生觀，並依循著正當的職業去謀生求財。對於辛勤所得之財，應當要善於守護、利用；且須量入爲出，不可過分奢侈，揮霍無度。進而，若有餘力，也應取部分的餘盈來布施植福，爲社會群眾增添一份溫情與愛心。

又，本文所說明的初期佛教家庭倫理思想，並非齊頭式的平等，或是單方的付出，而是從不同的人際關係，找出彼此間的互動關係和相互間所應有的權利與義務。換言之，初期佛教的家庭倫理觀，是建立在人與人之間相互共處的基本態度，及相互對待的合情、合理、合法的德行上。在此原則下，每一家庭組員（親子、夫婦、兄弟）皆有責任去協助家庭成員建立起正確的人生觀；並在互尊互重、互敬互愛、互相輔助、接納、肯定之下爲幸福家庭鋪路。唯有在大家的相互對待之合理行誼下，方能促進彼此間的親密和友善關係，並且過著一種合情、合理、合法的至善道德生活。

在整個結構上，本論文主要是環繞在家族的血緣關係上——親子、夫婦、兄弟，並去敘述初期佛教所倡導的家庭倫理及家庭中各成員的相處之道。本文除了緒論之外，共分爲四章十一節來撰述：

第一章：敘述撰寫本論文的動機、研究範圍、資料、方法，以及本文的探討結構。

第二章：略述一般人對「家」的概念及初期佛教的家庭觀；並且指出和樂的家庭是建立在彼此間（親子、夫妻、兄弟）的相互尊重、慈愛、信任、包容、忍讓、諒解以及同一信仰、同一理念上。

第三章：論述親子之情是建立在「愛」上，唯有在互愛的情況下，方能過著美滿、幸福、快樂的家庭生活。並且呈述子女對父母最主要的表現是「報恩」，因爲父母對子女有生養之恩，兒女對父母有孺慕之情，故對雙親要竭力敬重、承孝、奉養；父母對待子女應當盡力愛護，並且教養他們。親子之間必須各盡其責，各守本分；且彼此之間應當持有相互對待的合理德行，並非僅是單向奉獻和付出。

第四章：主要在論述夫婦之道是建立在「相敬如賓」、「相親相愛」上。唯有以「互信互諒」的態度來處理夫妻關係，方能達成相互融洽、互諒、互信、互助的效用。並且彼此間應當守貞、互愛、體貼、敬重，且過著同甘共苦、同舟共濟的生活。同時提示夫婦的生活倫理，並非單方面或一味地對妻子提出要求，而是應該雙向的各盡其責，各安其分。

第五章：主要在述說兄弟關係，所講求的是「兄友弟恭」，且以「忠信」、「友愛」爲重心。並且提及兄弟間的手足之情，若能以「四攝事」作爲銜接情感的橋樑，更能增進手足間的感情，加強彼此間的團結力量；進而促成彼此間的和睦融洽，互敬互愛，且過著和衷共濟、同甘共苦的生活。

第六章：本章扼要而有系統的將以上各章作一總結。並且對於釋尊所提及的家庭倫理思想作一反省，以及論述它所賦予的時代意義和使命。

註釋

①一般而言，初期佛教是指從釋尊初轉法輪到釋尊入滅後百餘年佛教分裂為不同部派的二百餘年之間——亦即是由釋尊到阿育王時代。根據南傳佛教的記載：阿育王約生於釋尊入滅後二百餘年，則初期佛教的時期約二百五十年之久。但是依照北傳佛教的說法，阿育王約生於釋尊入滅後一百餘年，那麼初期佛教的時期約一百五十年之久。雖然南、北傳對於初期佛教的年代計算法相差一百年，但並不會妨礙到我們對初期佛教風格與教義的了解。換言之，在部派佛教未分裂之前，內部尚未分化，思想基本上是一致的時期，即是「初期佛教」。（參見水野弘元著《原始佛教》pp.3～4.）

②《中國大百科全書》〈社會學〉（台北：錦繡出版，1993年2月）p.105.

③漢・許慎撰、清・段玉裁撰《說文解字注》（台北：漢京文化事業有限公司，民國74年10月版）p.372.

④Odhams Dictionary of English Language Illustrated, Odhams Ltd. 1964.; The Elements of Ethics, H. John Muirhead, Londan, 1910, p.4; A Manual of Ethics, S. John Mackenzie, Londan 1929, p.1.

⑤《大英百科全書》（Chicago, 1926）Vol. ix. p.809.

⑥《大英百科全書》（Chicago, 1989）Vol. ix. p.578.

⑦H. Saddhatissa 著、姚治華《佛教倫理學》p.5.

第二章　初期佛教的家庭觀

本章所論述的和樂家庭生活，可說是依據初期佛教聖典及相關文獻所記載的資料來闡述的。其實，從整個家庭的層面來觀之，未必每個家庭都能獲得幸福和溫馨，尤其是處於複雜的社會環境。家庭之所以會不和諧、不幸福，其原因極爲錯綜複雜，有心理、教育、思想、人事、社會環境等種種因素。然而，對於上述的種種問題，並不是本文所要討論的範圍，故不加以探討。於此筆者僅是站在佛法的觀點，論述如何才能建立起一個健全的家庭生活和獲得美滿人生。

就家庭而言，我們好像海中的一葉扁舟，家庭猶如碇泊修繕的一所良港。然而，翻騰於怒濤狂瀾中的人生之舟，隨時都會遭受到外來的襲擊；當個人精疲力竭而感到惶恐時，唯有溫馨的家才能給與我們安慰和光明。假使沒有停泊人生之舟的家庭，無論船舫如何堅固，恐怕也免不了覆沒。所以家庭的和樂、融洽，可說是人生的一大幸福。我們之所以能夠獲得和樂幸福，不能不歸功於全體家庭成員，尤其是父母。

然而，時下自稱爲時代的主人翁，在歐風美雨的呼喚和物質文明之陶醉下，想要推翻一切舊有的傳統，不但不再重視孝，甚至還倡導非孝的口號，實在令人不勝慨嘆之至！我想不論時代如何進步，人類的根本總不能忘卻。試想我們從母體出生後，有一段很長的幼稚期，不能獨立生存，全賴父母的撫養長大成人，怎能到自己有了生存的能力，就把父母給與忘記，不盡奉養孝敬雙親的責任呢？況且，沒有父母又哪裡有你我？所以對於父母生養之恩，不能不飲水思源、孝敬奉養。儘管時代已進步到原子時代，但爲事親之本的孝道，還是人類所應遵行的德行常道，決不因時代的進步而有所改變。因此身爲人子，應盡奉養父母之責，心存孝敬父母，且以履行孝德爲己任。

第一節　「家」的概念

家庭是社會的基礎，亦是社會的骨幹。自古以來，人類已感覺到「家」的重要性，同時亦相當重視「家」。「家」在《象跡喻大經（Mahāhatt−hipadopama

—sutta）》中被定義爲：

「如以木材、瓦礫、草、泥土，覆蓋虛空，稱之為『家屋』。」①

在《說文解字注》中解釋爲：

「『家』，居也，從宀、從豭，宀為交覆深屋，豭為牡豕。」

以字義而言，「家」是起源於農業定居，從游牧到耕種，築屋以養家畜，從事於生產、繁殖。陶希聖在《婚姻與家族》一書說：

「家，在古代有夫婦的意義，如詩經所謂『無室無家，玁狁之故』及『宜爾室家，樂爾妻孥。』到了《易經》的解釋，便有較廣的意義，〈家人卦象〉曰：『家有嚴君焉，父母之謂也。父父、子子、兄兄、弟弟、夫夫、婦婦，而家道正，正家而天下定矣。』這裡的家，明白指出是父子兄弟夫婦。」②

「家」拉丁文 Focarium，意爲共同取暖與煮食之處，故「家」是指有火的地方。又，英文爲 Family，意指一父一母共住在同一屋宇下。胡申生、陸緋雲說：

「家庭是由婚姻、血緣或收養關係所組成的社會生活基本單位。」③

美國社會學家 E.W. Burgess 和 H.J. Lock 在《家庭》一書中提出：

「家庭是由婚姻、血緣或收養關係組成的群體，各人以其作為父母、夫妻或兄弟姐妹的社會身分相互作用和交往，創造一個共同的文化。」④

中國社會學家孫本文認爲：

「家庭是夫婦、子女等親屬所結合的團體。」⑤

由此論之，「家」是由於生理、心理的需求而形成，所謂：

「之子于歸，宜其室家」、「女有家，男有室，女子生而願為之有家，男子生而願為之有室。」

由此視之，家不僅是營生、保衞、繁衍的功用，進而形成了經濟與共同生活單位，亦即是構成社會的具體單位。如陸緋雲對家庭功能一條則說：家庭功能是多方面的，能滿足人和社會的多種需求：一、經濟功能；二、生育功能；三、性生活功能；四、教育功能；五、撫養與贍養功能；六、感情交流功能；七、休息與娛樂功能。並且還提到：

「家庭功能不是固定不變的，也不是脫離社會而獨立存在。決定家庭功能的社會需求和家庭本身的特性，這兩個因素都在歷史性變化著。家庭發展的每一個階段，總是與社會變化和家庭本身功能的變化發展密切相關。」⑥

「家」是人類的「歸宿」，倦鳥的「歸巢」，就以古代希臘的農商民族而言，他們日出而作，日落而息，早出晚歸，「家」就是他們的「歸宿」、「住所」；古代希伯來人是遷徙性的民族，沒有固定的「住處」，「家」就是他們的「驛站」、「歇宿」。前者的家是永久性的，而後者的家則是暫時性的。

「家」是由夫婦、父母、子女、兄弟、姐妹等所組成的一個共同生活體，也是家族安身的場所。「家」是每個人的生活中心，儘管有些人，一天到晚都在外東奔西跑，但是一到晚上，仍然要回家。如果有個和樂、幸福的家庭，一回到家裡，就會感到一股溫暖，享受家庭的快樂。因此，家可以說具有保護慰藉和安歇的功能。再看到處流浪的獨身漢，不論在精神上或物質上，都感到貧乏、落寞、孤獨。從此觀之，更加可以了解和體會到家庭的重要性。

「家」是構成社會的最小單位，因此家庭的生活就是社會生活的基礎。唯有經歷這種家庭性的生活，才能具備日後適應社會的基本能力。所以健全的家庭教育是非常重要的，它隱藏著一股強大的無形力量，能夠影響到每一家庭成員的一生前景。而且，美滿的家庭生活往往也是成就大志業的基石，故千萬不可疏忽之，而任其散漫。

「家」不僅撫養培育個人成長，也是個人精神感情的寄託，更是個人奮鬥的目標。就原始心理的反應來說，鳥兒歸巢，必定會將覓到的食物，帶回巢裡餵養幼鳥；人從早到晚，不斷地努力工作，無非是要把所獲得的收穫獻給家人，與家人分享。如果只是一味的在外尋覓，卻忘了和家人分享情趣、成果，那就變成本末倒置了，而且也感受不到家庭的幸福和溫馨。因此，《雜阿含九三經》將家定義爲：

「何故名家？其善男子，處於居家，樂則同樂，苦則同苦，在所為作，皆相順從，故名為家。」⑦

就以一個呱呱落地的嬰兒而言，「家」就是他的生活中心、他的智慧源泉、未來人生幸福的精神寶庫。特別是家庭生活，是孕育個人心智成長和志業的源流。它流露著經驗的傳承、人格的特質和文化的生命。同時，家也是延續家族、種性的處所。由此可見，家是富有很大的意義。

至於，原始佛教對「家」之觀念，主要還是繼承部族的傳統家族制度。雖然原始佛教對於當時的階級制度或階級區別的觀念，給與正面的反對，但是對於古來的家族制度，並沒有強烈的論難。關於這點，後期的佛教亦復如是。無論是在原始佛教聖典，乃至信奉佛教之諸王所發布的詔勅，皆未發現佛教對於家族制度存有積極性的變更意圖；反而是延續過去一般世人的那種應順家族的觀念。

當時的社會組織，基本上是由氏族所構成。各國氏族特有的「氏族法（kuladharma）」之意義，皆由族長確定；族長支配著一族的生活起居，負有保護氏族的生命、財產和領土的責任。對於氏族性社會所構成的自體，原始佛教是承認的，這可從原始佛教聖典中窺見。於此前提之下也可以發現勸導人們行善的例子，如《增支部》說：

「諸比丘！大樹是依止雪山王，而由三增長而增長。云何為三？由樹枝（sākha）、樹葉（patta-palāsa）而增長；由樹皮（taca）、嫩芽

（papaṭika）而增長；由樹膚（pheggu）、樹心（sāra）而增長。……如此地，諸比丘！家屬依止有信心的族長，而彼等由三增長而增長。云何為三？由信而增長；由戒而增長；由慧而增長。家屬依止有信心的族長，而其由三增長而增長。〔是時世釋便說此偈言：〕

如山岩聳立於廣林的荒野（araññasmiṃ brāhavane），
諸樹諸喬木依止它（山岩）而增長；
如是具足戒、信的族長（kulapati），在此世間，
妻子（puttadārā）、親族（bandhava）、朋友（amacca）、近親眾
（ñātisaṅgha），依靠他而生活。
彼等有明眼（眼光）者（vicakkhaṇa），見彼具戒者的戒行、施捨、善
行而仿效（anukubbanti）他。
在此世間履行法、趨向善趣之道，
於歡喜天受諸欲樂之喜悅。」⑧

從上述引文的敘述，可以得知以族長爲中心的氏族生活，完全是受族長的人

格修養所影響；而族長所表現出來的德行、風範也是氏族學習、仿效的對象。同時族長在全體氏族的生活圈子，扮演著一個極爲重要的角色，整個氏族命運的興衰，可說完全操縱在族長手中。然而，身爲家長所應守的倫理，在原始佛教聖典中處處皆可看到，而「奉養父、母，愛護妻、子（mātāpitu-upaṭṭhānaṃ puttadārassa saṅgaha）」⑨、「布施與梵行，及愛護親族（dānañ ca dhammacariyā ca ñātakānañ saṅgaha）」⑩等被視爲是幸福的一件事。因此親族之間應當同心協力，同舟共濟——建立共同理念，朝向同一目標。

在聖典中則有提到對於父母、兄弟，無有尊卑序、恭敬、尊重，乃至輕視親戚、鄰里是一種缺德的行爲，亦是墮落之要因。《雜阿含一二七九經》說：

「於父母兄弟，撾打而罵辱，無有尊卑序，是則墮負門。」⑪

《經集（Sutta-nipāta）》〈敗亡經（Parābhava-sutta）〉說：

「誇耀血統，誇耀財產，誇耀氏姓，而輕視自己的親族者，這是敗亡者之門。」⑫

又，在古印度的氏族社會裡，家系的延續和種族的繁衍是非常受重視的，且被看成是一種重要的義務。佛教雖然強調禁欲（出家者不淫，在家者不邪淫），但是對於世俗人的這種繁衍子孫，傳宗接代之觀念，還是表示尊重和認同。在《教授尸迦羅越經》中，則有提及，使家族、種姓繁衍永續是身爲孩子對父母，乃至祖先的一種義務。《教授尸迦羅越經》說：

「長者子！東方的父母當以五事由其子來敬奉：一者奉養雙親；二者為他們（父母）做事；三者相續家系；四者繼承財產；五者為祖先奉上供物。」⑬

《增支部》說：

「諸比丘！觀此等五處，父母於族中欲生子。何等為五？一者子是由我們（父母）養育，其後〔子女〕會奉養我們；二者會幫我們勞作；三者永續家系；四者繼承遺產；五者為祖先奉祀供物。」⑭

可是站在出家的立場，或是修道的觀點，佛教是全面性禁欲（性欲）的；而且出家是放棄家庭的一切所有而進入僧團，且以專心修持爲唯一目的。如《阿摩晝經》說：

「今者寧可剃除鬚髮，服三法衣，出家修道。彼於異時，捨家財產，捐棄親族。剃除鬚髮，服三法衣，出家修道。與出家人同捨飾好。……不著香華、瓔珞，歌舞、倡伎不往觀聽，不坐高床，非時不食，金銀七寶不取、不用，不娶妻妾，不畜奴婢、象、馬、車牛、雞、犬、豬、羊、田宅園觀。不為虛詐斗秤欺人，不以手拳共相牽拒，亦不觝債，不誣罔人，不為偽詐；捨如是惡，滅於諍訟諸不善事。行則知時，非時不行；量腹而食，無所藏積；度身而衣，趣足而已。法服、應器，常與身俱。猶如飛鳥羽翮隨身，比丘無餘，亦復如是。」⑮

《經集》說：

「妻、子、父、母、財寶、穀物、親族，以及諸欲，完全捨棄，如獨角犀牛一樣獨行。」⑯

由此可知，比丘眾是放棄財產私有、眷屬繫著，捨離我執、我愛和外境的貪染，過著獨身、乞食、少欲知足、一切隨緣的生活。這種平淡、樸素的生活，是當時人們所嚮往的。如《中阿含八〇經》說：

「居家至狹，塵勞之處；出家學道，發露廣大。我今在家，為鎖所鎖，不得盡形壽修諸梵行。我寧可捨少財物及多財物，捨少親族及多親族，剃除鬚髮，著袈裟衣，至信捨家，無家學道。」⑰

由於佛教的僧侶不必像婆羅門教那樣，在完成了梵行期（Brahma-cārin）和家住期（Gṛhastha）的義務後，把家務交予成年的兒子，將財產分配諸子，然後（有妻者攜帶妻子一起）進入森林，過著園林隱居生活——林棲期（Vānaprastha）。進而到了老年則過著純粹的出世生活，遠離家園，遍歷四方，乞食爲生，行頭陀法，且以遊行各地以終晚年。同時不興、不憤；毀譽褒貶，度外視之；視生死爲一，任運生活以期解脫，如《阿霸斯坦巴法經》所載：

「無火、無家、無樂、無保護而生活；議論、讀誦吠陀外，常守沈默；至聚落乞食，僅支其身；現世固不必論，雖上天亦不顧慮而遍歷。」⑱

此期的修行者稱爲比丘（Bhikṣu）、行者（Yati）、遊行者（Parivrājaka）等，爲宗教生活的最高階段——遁世期（Sannyāsin）。⑲在婆羅門教所規定的「人生四期」生活中，前二者是完成世俗義務的責任，後二者是達成個人的精神解脫。可是佛教的出家修行者，並不像婆羅門教那樣，盡完世俗義務的責任後才出家。又，出家是放棄世俗生活，遠離婚姻生活，所以從家族倫理的觀點視之，難免會招到一般世俗的非難。因此，爲了避免受到外來的非難，佛陀就宣布凡是要出家者，必須獲得父母的同意。如《四分律》卷三十四說：

「爾時，輸頭檀那王聞佛度羅喉羅出家，悲泣來僧伽藍中，至世尊所。到已，頭面禮足，在一面坐，一面坐已，白世尊言：『世尊出家，我有少望心，而難陀童子當為家業，而世尊復度令出家。難陀既出家已，我復有少望心，羅喉羅當為家業，紹嗣不絕，而今世尊復度出家，父母於子，多所饒益；乳養瞻視，逮其成長，世人所觀；而諸比丘，父母不聽、輒便度之。唯願世尊，自今已去，勅諸比丘，父母不聽，不得度令出家。』爾時，世尊黙然受王語。王見世尊黙然受語已，即從坐起，頭面禮足，遶三匝而去。爾時，世尊以此因緣集比丘僧，告諸比丘：『父母於子，多所饒益；養育乳哺，冀其長大，世人所觀；而諸比丘，父母不聽，輒便度之。自今已去，父母不聽，不得度令出家；若度，當如法治。』」⑳

《增壹阿含經》卷二十四說：

「爾時，長者子即以香華散如來上，復以新白氎奉上如來，頭面禮足，在一面住。是時，世尊漸與說法。所謂論者，施論、戒論、生天之論。欲不淨，漏為是大患，出家為要。是時，世尊以知小兒心開意解。諸佛世尊常所說法苦、習、盡、道。是時，世尊盡與彼長者子說；是時，長者子即於坐上，諸塵垢盡，得法眼淨，無復瑕穢。是時，長者子即從坐起，頭面禮足，白世尊言：『唯願世尊，聽使出家得作沙門。』世尊告曰：『夫為道者，不辭父母，不得作沙門。』是時，長者子白世尊言：『要當使父母聽許。』……爾時，長者子即從坐起，頭面禮足，便退而去；還至所在，白父母言：『唯願聽許得作沙門。』父母報言：『我等今日唯有一子，然家中生業，饒財多寶，行沙門法甚為不易。』長者子報言：『如來出世億劫乃有，甚不可遇，時、時乃出耳，亦如優曇鉢華，時、時乃有耳；如來亦復如是，億劫乃出耳。』是時，長者子父母，各共嘆息而作是言：『今正是時，隨汝所宜。』是時，長者子，頭面禮足，便辭而去；往至世尊所，頭面禮足，在一面立。爾時，彼長者子白世尊言：『父母見聽，唯願世尊，聽使作道。』爾時，世尊告舍利弗：『汝今度此長者子使作沙門。』舍利弗對曰：『如是世尊。』爾時，舍利弗從佛受教，度作沙彌，日日教誨。」㉑

由此可見，初期佛教在沒有妨礙到氏族制的家庭倫理之理念下，將出家生活正當化，同時亦闡述假如親族當中有一人出家，且獲得成就，其所流露出來的氣質、智慧、身教等修道功德，皆能正面的影響到家族，以及周遭的有緣群眾。並且激發他們的善心去修學佛法，且從中獲得佛法利益。《長老偈（Thera-gāthā）》說：

「具有智慧的人出生在家的話，此雄者（出家修行者）的七代父母可淨。」㉒

又，在《長老尼偈（Theri-gāthā）》記載，出家修行者的父母與親族死後會獲得天界之安樂：

「其（出家修行者）兄弟、父母在天界能夠享受不盡的欲樂。」㉓

由此觀之，蒙受出家修行者功德的恩惠者，不只是父母、兄弟，而是包涵了全體親族。在此必須注意的是，出家者的親族們，並非毫無條件的從出家者身上獲得利益，而是如上所述，受到出家者的那種非凡氣質、行儀、智慧的感化下，修善之心油然而生，進而修諸善行，且死後依修善福業，升天享受天界諸樂。出家修行者具有如此的功德（影響力），且能庇護到親族的這種思想，後來也影響到中國，且流傳著一句「一子出家，九族升天」的家喻戶曉的名言。

總而言之，初期佛教對於過去諸部族間的家族結構，並沒有積極的干涉和改革。反而，在構成社會組織的諸氏族之間，所存有的貴賤、尊卑、上下差別關係上作了革新；主張四姓悉皆平等，無有勝劣差別之異，而一切的優劣、尊卑應由其行爲的善惡來決定。在《雜阿含五四八經》，佛弟子摩訶迦旃延秉承佛意，告摩偷羅國王說：

「『大王！四種姓者，悉皆平等，無有勝如差別之異。』摩偷羅王白尊者摩訶迦旃延：『實爾，尊者！四姓皆等，無有種種勝如差別。』

〔尊者迦旃延曰：〕

『是故大王！當知四姓，世間言說為差別耳。乃至依業真實無差別也。』」

《經集》㉔說：

「不是由於〔人的〕出生而成為賤民，不是由於〔人的〕出生而成為婆羅門；是由於〔人的〕行為而成為賤民，是由於〔人的〕行為而成為婆羅門。」㉕

又說：

「不是由於〔人的〕出生而成為婆羅門，不是由於〔人的〕出生而成為非婆羅門；是由於〔人的〕行為而成為婆羅門，是由於〔人的〕行為而成為非婆羅門。」㉖

另外，處於當時印度新興思想體系的佛教，站在緣起的立場，對於某些思想又有新的見解，而對於家族內部的倫理也不例外。其以《教授尸迦羅越經》㉗爲最明顯的實例。

第二節　和樂的家庭

一般而言，榮華富貴、美滿人生，乃是人生積極追求的目標。假如只有榮華富貴而沒有美滿的家庭、良好的眷屬，還不能算是最美滿的人生；所以獲得富貴之後，尚須更進一步求得眷屬的和樂、融洽。其實，不僅在家人有眷屬，就出家人而言，也離不開眷屬關係，如師父、徒弟，以及信徒等。人與人之間既然有這樣廣大的眷屬關係，當然希望眷屬之間的關係和諧，感情融洽。若非如此，父子可能脫離關係、夫婦要鬧離婚、兄弟發生鬩牆之爭，那麼整個家庭就會出現分崩離析的現象。不論那個家庭，有了這種現象，就沒有和樂可言了。

家庭乃是社會的基本單位，家庭間的上下關係是否和樂、融洽，都會影響到整個社會的治安。因爲社會上有許多糾紛現象，皆與家庭不和諧有關。雖然佛教重視內心的淨化和煩惱的解脫，但是對於人世間的家庭和樂，還是相當的重視、關心。《本生經（Jātaka）》〈樹法本生故事（Rukkhadhamma-jātaka）〉說：

「爾時，佛告親族：『大王！我們的親族同志應當相互一致和合。親族同志一致和合居住在一起的話，敵人就不能趁機而入。人無論什麼事，必須如無思樹木的和合。昔日，在雪山地方，暴風侵襲樹林，那時因為沙羅樹林的樹木、灌木和藪相互的結合，因此風只是從樹梢吹過而已，一棵樹也

沒有倒下。』」㉘

上述的故事說明了森林中的樹木因團結一致，才能夠抵擋住暴風的侵襲，而沒有傾倒；倘若僅是一棵孤立的樹木，不論其如何巨大，也抵擋不了暴風的吹拂。此林中樹木的比喻內容，雖是文短，但是意義深遠。它不僅啟示世人團結就是力量，同時亦論述到家庭、種族、國家團結一致的重要性。因此，爲了擁有一個幸福美滿的家庭，家庭的每一成員就必須互愛、關懷、尊重、信任、盡責。如果做父母的慈愛子女，做子女的孝順父母，各安其分，各盡其職，家庭自然而然充滿著和樂、安寧的氣氛。儘管彼此之間有著不同的意見、看法、觀點；只要雙方肯互相禮讓、溝通，意見不可能不調和，問題也自然迎刃而解。所以要家庭和樂，首先在婆媳之間，必須求得合理的協調；其次，再求夫婦間的融洽。能夠如此，家庭就充滿了和樂的氣氛，洋溢著無限的溫馨；回到家庭的每個成員，就會感到身心的快樂、幸福、安慰。假定彼此常鬧意見，將促成家庭變成冰冷的家庭，你看到我討厭，我看到你眼紅；在這樣的家庭相處下，身心就會感到無限不安、痛苦。

世人沒有不希望家庭和樂、眷屬圓滿的。但是這並不單是希望就能得到的，而是必須具有某種條件始能實現。釋尊曾教導我們一個最好的辦法，即是常說「愛語」、「柔軟語」、「親切語」、「慈愛語」，且遠離「離間語」（兩舌）；並且常常持有感謝的心、報恩的心。假定要使得家庭和樂，眷屬圓滿，人人應當遠離「離間語」，而說「和合語」（愛語），是極爲重要的。一個人如果能常說「和合語」，使破裂了的感情彌補起來，將來定能得到家庭和樂，眷屬圓滿的果報。如果每個人都捨「離間語」而說「和合語」，家庭便會和樂，社會便會安寧，世界便會和平。

除此之外，家庭的和樂也建立在同一信仰上。同一信仰、思想和共同的生活道德觀，是建立和樂家庭的要素。在共同的信仰上，可以培養成員擁有共同的生活道德觀念，守持共同的生活規範，過著和合一味的家庭生活。由此，可以想象建立同一信仰的重要性。身爲一個佛教徒，如果對佛法有正信、淨信、正知見，必能感受到佛法的好處和價值。因此自然會流露「法味同受」的慈心，想要將佛法的好處帶給每一位成員，與他們分享；而且希望家庭的每一分子，能信受佛教，領受佛法的利益。

今日的社會，雖已趨向民主、人權平等、信教自由，但是身爲一個教徒還是負有傳布佛法的責任，而最有效的方法，即是由佛化家庭開始，從自己的家庭中去推動，再逐漸擴大到親族、朋友，乃至周遭的人。對於他人的自由信仰，雖然無權加以干涉，也不能勉強他人來信仰佛教，或施加壓力使家人來接受佛化生活，不過却可以透過自己行爲的改善、內心的淨化來感化他們；且用溫和的態度和長期的耐心來化導他們。只要我們是真誠地爲家人未來的前途著想，在長期的努力勸化下，必定會成功的。

假使我們的家屬各自有自己的信仰，而無法達到佛化家庭，那麼彼此之間應該建立起一種互相尊重對方信仰的態度，絕對不可以排斥他們的信仰。但是卻要堅持自己的宗教信仰和立場，不受他們的信仰影響而轉移。所以，處於這種不同宗教信仰的情況下，互相尊重對方的信仰是非常重要的。因爲唯有在相互尊重、接受的情況下，才能爲家庭帶來和樂的氣氛，彼此之間也能相處的很和諧、融洽。

再說，佛法是攝盡一切世間善法，所謂「世間一切微妙善語，皆是佛法。」因此，只要他們所親近的不是邪師，信仰的不是邪教，那就不必強求他們必須信仰佛教不可，若是能夠使他們轉信佛教，是最好不過的了。總之，在引導家屬信仰正法的同時，應當時常檢討自己的行爲，以免引起家人的反感；且要善巧、溫和的勸化，方能獲得事半功倍的效果。

在原始佛教聖典中記載一位青年婆羅門鬱闍迦，請問釋尊如何才能使在家人過著安定、快樂的家庭生活，以及享有現世的安樂？於是釋尊就告訴他，一個居家之士想要生活安定，家庭快樂，須要具備方便具足，守護具足，善知識具足，正命具足四種因素。具有這四種條件的居家之士，其生活必能安定，家庭也自然和樂、幸福。《雜阿含九一經》說：

「時，有年少婆羅門，名鬱闍迦，來詣佛所，稽首佛足，退坐一面，白佛言：『世尊！俗人在家，當行幾法，得現法安及現法樂？』佛告婆羅門：『有四法俗人在家，得現法安、現法樂。何等為四？謂方便具足，守護具足，善知識具足，正命具足。何等為方便具足？謂善男子，種種工巧業處，以自營生。謂種田、商賈，或以王事，或以書、疏、算、畫。於彼彼工巧業處，精勤修行，是名方便具足。何等為守護具足？謂善男子，所有錢、穀，方便所得，自手執作，如法而得，能極守護，不令王、賊、水、火劫奪漂沒令失，不善守護者亡失，不愛念者輒取及諸災患所壞，是名善男子善守護。何等為善知識具足？若有善男子，不落度、不放逸、不虛妄、不凶險，如是知識，能善安慰。未生憂苦，能令不生，已生憂苦能令開覺；未生喜樂能令速生，已生喜樂護令不失，是名善男子善知識具足。云何正命具足？謂善男子所有錢財，出內稱量，周圓掌護，不令多入少出也，多出少入也；如執秤者，少則增之，多則減之，知平而捨。如是善男子，稱量財物，等入等出；莫令入多出少，出多入少。若善男子，無有錢財，而廣散用，以此生活，人皆名為優曇鉢果，無有種子。愚癡貪欲，不顧其後。或有善男子，財物豐多，不能食用，傍人皆言，是愚癡人，如餓死狗。是故善男子，所有錢財能自稱量，等入等出，是名正命具足。如是婆羅門，四法成就，現法安、現法樂。』」㉙

在佛陀的這段開示中，值得引人注意的是，四項當中有三項是牽涉到經濟生活。因爲家庭的幸福，有賴於經濟收支的均衡。因此，身爲一個正信的佛教徒，乃至一位有良心、良知之士，皆當從事各種正當的職業（正命），來謀取生活所需。對於所從事的各種職業，必須符合國法，且不違於佛法。簡而言之，除了以殺生、偷盜、淫慾、妄語、酤酒有關的職業之外，其他士、農、工、商，皆可選擇。如《雜阿含一二八三經》說：

「營生之業者，田種行商賈，牧牛羊興息，邸舍以求利，造屋舍床臥，六種資生具。」㉚

《雜阿含九一經》說：

「種田、商賈，或以王事，或以書、疏、算、畫。」㉛

《苦陰經》說：

「隨其技術，以自存活。或作田業，或行治生，或以學書，或明算術，或知工數，或巧刻印，或作文章，或造手筆，或曉經書，或作勇將，或奉事王。」㉜

從上述的引文來看，若擴大其精神，則正命中道生活包括了農業、商賈、畜牧、金貸、建築師、官吏、武術、書、計算、繪畫技術等一切正當的職業。此外在《本生經》中，也有提到耕作（kasī）、商賈（vanijjā）、金貸（iṇadāna）、拾穗（uñchācariyāya）皆屬於正當的職業。㉝同時對於耕作、商賈、牧牛、射技、官吏，及精勤於其他技術等是大爲讚歎的㉞。然而，對於所得的經濟，應作適當的處理、分配。於原始佛教聖典中，佛陀曾指示將所得的錢財分爲數分來應用，其中包括日常生活費用、營業資本、儲蓄以備急時之用、投資以增利息、布施種福、奉養父母等，如《長部三一經》說：

「才能之家主，集聚諸財物，
此財作四分，為彼結交友，
一分自食用，二分營業務，
第四為貯藏，以備於貧乏。」㉟

又《中阿含一三五經》說：

「後求財物已，分別作四分，

一分作飲食，一分作田業，
一分舉藏置，急時赴所須，
耕作商人給，一分出息利，
第五為娶婦，第六作屋宅，
家若具六事，不增快得樂。」㊱

上述引文所說的「自食用」或「作飲食」，是指日常的生活費。除了自己的生活費和家庭生計之外，還包括兒女教育費，供養父母等。經文中所謂的「營業務」，即是指營業的資本。換言之，應將每年的收入，分出一分作爲擴展事業的資本（增設工廠、增加資產、改進工作技能、改善員工福利等）。「貯藏」或「藏置」是指積蓄。亦即是說，除了將所得的收入，作有計劃的開銷之外，還須儲蓄一分以備不時之用。因爲人事無常，禍福難測，總會有意外的事故和臨時的支出。儲蓄是極有意義的，它不但可以養成不浪費、不奢侈的習慣，也可以避免因意外事件而發生窘困。

對於以上的錢財分配法，在《中阿含一三五經》和《善生子經》㊲的敘述中，另加蓋房子和娶妻二項，但《六方禮經》並沒有提及處理錢財的方法。從以上各部經典所闡述的錢財分配法看來，它純粹是站在世俗倫理的立場而說，但是在《長阿含一六經》中所闡明的財富分配法，卻是站在宗教的立場來說的，其內容如下：

「一食知止足，二修業勿怠，
三當先儲積，以擬於空乏，
四耕田商賈，擇地而置牧，
五當起塔廟，六立僧房舍；
在家勤六業，善修勿失時。」㊳

從這段引文中，可知其內容在於告誡在家眾，對日常生活的衣、食、住、行等資生物要知足；從事各種行業要勤勉、負責任；同時應該積蓄部分所得和擴大事業，以及作福、起塔、蓋廟等。在這當中不僅強調要提昇個人的生活品質，也意味著布施種福的重要性。布施不僅能增進自己現世、後世的福樂，亦能利益社會群眾。

基於上述的經濟分配法，即可看出佛法中所主張的財富分配法是多麼的合情、合理、合法，而且具有完整性和可行性。它不僅面面俱到，而且非常實際。這種合理的錢財處理方法，能令生活安穩，縱使面臨急難也能有所依靠。同時亦增加了自己的能力和多餘的經濟去資助別人，並且過著一種具有宗教情操的生活。

然而，經濟的主要作用是在促進家庭生活的安樂，及達到道德的增善。所以日常生活應依中道而行，不要過於慳吝，也不要過分奢侈。一切的營利消費，出入皆要稱量，不可過分耗費，以免導致經濟困乏、崩潰，而被譏爲沒有種子的優曇鉢果。另方面，若有所餘，也不要慳吝不捨，否則將被譏爲「餓死狗」、「守財奴」。一味地浪費，固然不可；有錢而不肯應用於周轉、供給家屬、布施修福，不但對自己沒有受用，無益於後世，也無益於現前的家庭經濟和社會公益慈善。總之，在家庭經濟穩固下，仍有餘力，即須將部分的盈餘，用於家庭以外的福德——供養三寶或公益慈善等事業，爲自己的現世、後世培植福業，以及對社會盡一份子民的責任，爲社會群眾奉獻一份愛心和關懷。

在《增支部》中則有說到，居士應當將財富正確地運用在自己的生活上，增進自己、父母、妻子、兒女的幸福，並要周濟朋友和同事，乃至供養沙門、婆羅門㊴。在《雜阿含九三經》也有提及在家者應將精勤努力、如法所得之財，分作三種用途：一、供養父母，令得安樂；二、隨時供給妻子、宗親、眷屬、僕從、朋友、客人，令其安樂；三、供養沙門、婆羅門，為己修善植福，增進福業㊵。

綜上所述，和樂的家庭是建立在彼此之間的相互敬重、敬愛、體諒、包容、禮讓、互助、互惠，以及同一信仰和共同理念上。在家庭中，每一成員與不同輩分的家族相處時，都應恰如其分地謹守一定的禮節和各盡其責。所謂「父慈子孝，兄友弟恭，夫唱婦隨」。亦即是《長阿含一六經》所主張的：

「善生！夫為人子，當以五事敬順父母。云何為五？一者供奉能使無乏；二者凡有所為先白父母；三者父母所為恭順不逆；四者父母正令不敢違背；五者不斷父母所為正業。……父母復以五事敬親其子。云何為五？一者制子不聽為惡；二者指授示其善處；三者慈愛入骨徹髓；四者為子求善婚娶；五者隨時供給所須。」㊶

又說：

「善生！夫之敬妻亦有五事。云何為五？一者相待以禮；二者威嚴不姻；三者衣食隨時；四者莊嚴以時；五者委付家內。……妻復以五事恭敬於夫。云何為五？一者先起；二者後坐；三者和言；四者敬順；五者先意承旨。」㊷

除此之外，在信仰上最好能夠做到佛化家庭，若是不能也必須做到互相尊重對方的宗教信仰，千萬不可排擠他人的宗教信仰；尤其是自己已經皈依三寶，成爲正信的佛教徒，自己更應該知道本身所需要扮演的角色和應盡的義務。健全的家庭生活基礎，雖然是建立在夫婦及每一成員的感情上，但是經濟的均衡也是促成家庭幸福、安穩的重要因素。所以，原始佛教聖典中所論述的家庭經濟生活，決非僅圖安養自己和妻兒，而是爲了鞏固家庭經濟生活的基石，以及爲世人建立起一個正確的經濟道德觀——中道生活。

至於，在謀取財富的過程中，先要學習種種知識、技能來奠定職業的基石，以及建立起「正命」的人生觀；這樣才不會因欲生財而造作種種不善之業。並且對於辛勤所得之財，要善於處理，不可揮金如土或慳吝不捨。同時亦應將所得之財分爲數分來應用，其中包括生計費，營業費，投資，貯蓄，布施種福，奉養父母，供養三寶等。在生活上不僅要依照正常的生活軌範去生活，還要比一般的庶民生活得更積極、更美滿、更有朝氣，並且更有活力。唯有如此，才能使自己活得快樂、活得有意義，並且使他人樂意接受自己的影響、感化；而建立起共同的理念、目標，進而邁向佛道。

註釋

①M.i. p.190.

②陶希聖著《婚姻與家族》（台北··商務印書館，民國55年）p.2.

③《中國大百科全書》p.102.

④Burgess, Ernast W. and H.J. Lock, The Family, New York, 1960. p.3.

⑤轉引自《中國大百科全書》p.102.

⑥同註3，p.103.

⑦大2. p.25a6～8.

⑧A. i. p.152.

⑨*Sn.* 262.

⑩*Sn.* 263.

⑪大2. p.352b23～24.

⑫*Sn.* 104.

⑬D. iii. p.189.

⑭ A. iii. p.43.

⑮大 1. P.83c11 ～ 84a6.

⑯ *Sn*. 60.

⑰《綿迦那經》（大 1. p.552b12 ～ 16.;D. i. p.63）

⑱《阿覇斯坦巴法經》（2，9.21，10）摘自木村泰賢著《印度哲學宗教史》p.321.

⑲參閱木村泰賢著《印度哲學宗教史》pp.320 ～ 321.

⑳大 22. p.810a6 ～ 22.；相當 Vin. iii. pp.82 ～ 83.

㉑大 2. p.678b25 ～ c22.

㉒ Therag. 533.

㉓ Therig. 242.

㉔大 2. p.142b13 ～ 18.

㉕ *Sn*. 136.

㉖ *Sn*. 650.

㉗本經的最大特色乃在於闡揚人與人之間的倫理道德，也即是所謂的六方倫理。六方的每

一方位皆代表著一個人的身份和他所扮演的角色，如東方代表父母、南方代表師長、西方代表夫婦、北方代表親黨、下方代表奴僕、上方代表沙門婆羅門。從而發展出親子、師生、夫婦、親黨、主從、僧俗六種倫理思想。這六種人關係乃是對等的，如《善生子經》所說：「是以子當以五事正敬、正養、正安父母。何謂五？念思惟報家事；唯修債負；唯解勅戒；唯從供養；唯歡父母。父母又當以五事愛哀其子。何謂五？與造基業；與謀利事；與娉婦；教學經道經；則以所有付授與子。」（大 1. p.254a9～14）此乃是親子之倫，而其他五倫亦復如是，皆在對等倫理關係中各盡本份。由此可知，佛教所論述的六方人際關係乃是處於雙向的對應，並非單方的付出。

㉘ J. i. p.328.

㉙ 大 2. p.23a23～b22.；大 2. pp.404c20～405a15.；相當於 A. iv. p.324.；A. iv. pp.282～283.

㉚ 大 2. p.353b3～5.；相當《別譯雜阿含 281 經》（大 2. p.471c8～9.）

㉛ 大 2. p.23a29～b1.

㉜ 大 1. p.585a2～6.

㉝J. iv. p.422.

㉞A. iv. p.322.; A. iv. p.281.

㉟參見 D. iii. p.188ff，此經文相當於《雜阿含 1283 經》說：「得彼財物已，當應作四分，一分自食用，二分營生業，餘一分藏密，以擬於貧乏。」（大 2. p.353a29～b2.）

㊱大 1. p.642a3～8.

㊲若索以得財，當常作四分，一分供衣食，二分為本求利，藏一為儲躊，危時可救之，為農商養牛，畜羊業有四，次五嚴治室，第六可娉娶。（大 1. p.254c21～25.）

第三章　親子關係與倫常

家庭中最重要的成員是親與子、夫與婦、兄與弟。親子之間的關係，是由於血緣的結合，所以彼此之間有一種自然的感情——「愛」。這種愛在雙親稱爲「慈」，在子女稱爲「孝」。父母對待子女應當竭力愛護，並且教養他們；子女對於父母應該敬重承順，而且奉養他們。所以釋尊在聖典中，就有提及，親與子之間必須各盡其責，各守本分；且彼此之間應當持有相互對待的合理德行，並非僅是單向的奉獻和付出。如《長阿含一六經》說：

「善生！夫為人子，當以五事敬順父母。云何為五？一者供奉能使無乏；二者凡有所為先白父母；三者父母所為恭順不逆，四者父母正令不敢違背；五者不斷父母所為正業。……父母復以五事敬親其子。云何為五？一者制子不聽為惡；二者指授示其善處；三者慈愛入骨徹髓；四者為子求善婚娶；五者隨時供給所須。」①

《六方禮經》說：

「子事父母，當有五事：一者當念治生；二者早起勅令奴婢，時作飯食；三者不益父母憂；四者當念父母恩；五者父母疾病，當恐懼求醫師治之。父母視子亦有五事：一者當念令去惡就善；二者當教計書疏；三者當教持經戒；四者當早與娶婦；五者家中所有當給與之。」②

由上所述，可以得知撫養、保育孩子，雖說是父母之責，但爲人子女也應當以誠心來孝順、奉養父母在生活物質上的所需，尤其是精神上的安慰與鼓勵。至於父母在愛心養育子女的同時，不僅要注意到孩子的健康問題，亦要關注心理、情緒問題，因爲生理與心理之間存有互動關係。心理、情緒一旦有了障礙、毛病，就會連帶地影響到身體健康，所以身爲父母者，不可以不多關心子女情緒上的問題。同時讓子女受高等教育，讓他們在身心及思想上有適當的自由發展。如此地施行父慈子孝的倫常，家庭自然充滿和樂、幸福。

第一節　親子之情

佛教除了重視個人的內心淨化外，亦相當關注子女對父母的孝養與敬重及父母對子女的關懷與愛心。父母對子女的愛，應是無條件的、實際的、關懷的、布施的、無我的，是一種「自我犧牲的愛」。反之，子女對父母的奉養、孝敬、關懷、愛心，應是發自內心的，是一種神聖的精神責任。親子之間的相處，在態度上是坦誠的、平等相對待的、肝膽相照的，且將互愛互敬看得比一切都重要，這樣方能增進彼此的感情、連心與親密。在一般的佛教家庭中，父母被視爲是最尊貴的、至高的，有時亦將之拿來與梵天並稱。其原由乃是建立在道德觀上。在《增支部》中，釋尊曾經如此地開示比丘：

「諸比丘！子〔女〕尊敬家中的父母如梵天；諸比丘！子〔女〕尊重家中的父母如老師；諸比丘！子〔女〕尊重家中的父母如值得供養者。諸比丘！梵天是對其父母的尊稱；諸比丘！老師是對其父母的尊稱；值得供養者是對其父母的尊稱。何以故？諸比丘！因父母為子〔女〕施與很多的恩惠，保護他們、養育他們，並且將他們引進社會。」③

《別譯雜阿含八八經》說：

「爾時，烏答摩納往至佛所，問訊佛已，在一面坐，而作是言：『瞿曇！我如法乞財，供養父母，又以正理，使得樂處；正理供給，得大福不？』佛言：『如實供養實得大福。』佛言：『摩納！不限汝也。一切如法乞財，又以正理供養父母，正理使樂，正理供給，獲無量福。何以故？當知是人梵天即在其家；若正理供養父母，是阿闍梨即在其家；若能正理供養父母，正理得樂，一切皆遙敬其家；若能正理供養父母，正理使樂，正理使樂，正理供給，當知大天即在其家；若能正理供養父母，正理與樂、供給，當知一切諸天即在其家。何以故？梵天王由正理供養父母故，得生梵世。若欲供養阿闍梨者，供養父母，即是阿闍梨。若欲禮拜，先禮拜父母；若欲事火，先當供養父母；若欲事天，先當供養父母，即是供養諸天。』爾時，世尊即說偈言：

『梵天及火神，阿闍梨諸天，若供養彼者，應奉養二親；今世得名譽，來世生梵天。』」④

從上述的引文看來，經義特別強調，且提昇父母在家庭的地位。關於這種說法可說是合乎於一般情理；亦是一種自然的親情情感表現。因它純粹是立足於親子之間的愛與孝，也是站在父母爲子女所付出的立場來立論的。

就母子感情而言，母子之間自妊娠中就已建立起一種密不可分的情感。母親從懷胎以來，一直給與胎兒細心的照顧與愛護，且爲胎兒施行種種胎教。⑤子女出世後，又細心的照顧他們、愛護他們，視其如掌上明珠。無論什麼東西都爲子女們保留一份，而且時常爲子女們的生活擔憂。父母如此的愛護、教養子女，所以應賦與最高的崇敬與奉侍。如《數那．難陀仙本生故事（Sona－Nanda－jātaka）》說：

「希求得子福，母祈求諸神。問星宿運行，問季節變化。
良辰彼沐浴，居宿於胎內。生於欲望身，此稱為妊婦。
懷胎滿一年，護胎而生產，彼女能生產，故稱為生母。
乳哺與兒歌，或包紮四肢，止子泣令喜，故稱為喜女。

於烈風炎熱，護與遮吾子，養育赤子長，故稱為育母。
母之所有財，父之所有財，皆為了守置，時時為子作。
如此為吾子，母無安與暇，少年之時日，耽迷於他女，
夜晚亦不歸，子去母憂惱。
如此辛勞育，而不侍奉母，於母行不善，彼赴於地獄。
如此辛勞育，而不侍奉父，於父行不善，彼赴於地獄。
子之母與父，得誇耀尊敬，凡世賢者等，認彼等攝事。
父母之偉大，應獲得稱讚，雙親第一師，人稱為梵天。
或是飲食物，衣類寢具類，按摩與沐浴，或是洗雙足。
盡孝養父母，此世賢者等，彼應被稱讚，死後升天樂。」⑥

在《本生經》中亦有描述母子之間的生活寫照。如〈大隧道本生故事（Mahā-ummagga-jātaka）〉說：

「大王！請聽！在母親膝蓋上，充滿喜樂遊戲的孩子，用拳打腳踏母親，拉她的頭髮，用拳搥她的臉。爾時，彼女（母親）以慈愛的語氣對彼（孩

子）說：『頑皮鬼！為何你如此地打我呢？』（母親）情不自禁地將其擁抱在懷中，讓其安眠，且愛撫著孩子。此時，孩子對母親的這種情感，可說比父親更為親密。⑦……

大王！母親對七歲的孩子說：『去田吧！去市鎮吧！』（孩子說：）如果你要我去，請給我硬的食物、軟的食物。（母親說：）『你拿去。』其吃完食物，比手畫腳和顯露出一副不肯去的表情，然後說：『你坐在蔭涼的家裡，而我在外面奔走。』（孩子）不去，而母親生氣地拿著手杖恐嚇（孩子）說：『你吃了我的食物而不想去田工作。』孩子急逃而母親追著，可是捉不到孩子。然後惡口地說：『去給小偷切成一小塊。』母親口是如此說，可是（內心）並不希望如此。……

彼（孩子）一天到晚都在遊玩，而夜晚不能入家，於是到親戚家裡。母親眺望著孩子歸來的的道路，可是看不到孩子的歸來。（母親想）可能不能進來吧！她內心充滿著憂慮，且雙眼流著淚水到親戚家裡尋找。當看到孩子之時，緊抱著他和緊靠著其臉頰，且捉著他的雙手（說）：『孩子！將我的話放在心裡。』彼此之間產生更深一層的情感。」⑧

從這幅活潑、生動，充滿情感的人生寫照中，讓我們直覺到母子之間的情感是建立在「愛」上。唯有在互愛的情況下，方能過著美滿、幸福、快樂的家庭生活。子女生活在這種充滿愛心的環境中，必然會情緒穩定，心情愉快；在心智上也能獲得健全的發展。因此，能夠得到父母充分愛心的孩子，在家庭生活中，自然能夠與兄弟、姐妹相處得很好，並且會將愛心分給別人，同情別人，關心別人；長大後在事業、婚姻上都能獲得成功。總而言之，一個富有愛心的人，不僅能帶給別人溫暖、快樂，自己也能享受到心境上的喜悅和自在。同樣地，身心健全的孩子會感受到人生的溫暖、幸福、快樂，且能成長為一個正常、健全的成人；反之，心理上有缺陷的人，不僅他本身遭受許多痛苦的折磨，甚至對社會的安寧亦構成威脅。

天下父母是最疼愛兒女的，他們一生為兒女所受的苦，是無法衡量的。母親給兒女餵奶，照顧兒女的冷暖，教育兒女處事待人之道，遇到兒女不聽話，雖受氣惱，而愛護之心，仍然是不會稍減的。父母親有時會因孩子的錯誤行為，而嚴厲的教訓、處罰子女；但是父母的這種行爲是處於一片愛心，是基於對子女的人格成長和未來著想。雙親不可能只被視爲提供衣、食、住、行的義務者，而是孩子的保護神。即使子女有時作出一些忤逆父母的言行，父母還是憐憫兒女年幼無知而抱著寬闊的胸襟原諒他們、接納他們。有些父母甚至於爲了子女而不惜犧牲自己的生命呢！

就母子的關係而言，通常比父子的關係來得親密，這是因爲自孩子出生以來，大部分的養育責任都落在母親的身上，所以說母子之情最深。另方面，在傳統的家庭，父母的形象常被形容「嚴父慈母」，因爲母親比父親更容易親近，所以在情感的傾向上，母子的關係最爲親密，且超過父子的關係。在家庭中，母親又常被譬喻爲「慈祥」的化身，如同慈眉善目的女神，處處呵護，時時關懷，因此對孩子來說，母親永遠是最親密的親人。而原始佛教聖典，則將母親形容爲最親密的朋友，如《相應部》載：

「〔天人問世尊：〕『誰是旅人的朋友呢？誰是我家的朋友呢？誰是事情發生時的朋友呢？誰是來世的朋友呢？』

〔世尊答曰：〕『商隊之主是旅人的朋友；母親是我家的朋友；好朋友在事情發生時，再三都是朋友；自己所作的功德是來世的朋友。』」⑨

假使從動物學的角度來看，人類的母愛可說與一般動物的母愛不同。一般動物的母愛，僅限於所生的動物的嬰兒時期，一到此期結束，母愛即無從顯現，或者完全消失；人類的母愛則不然，在母親有生之年，無不疼愛其子女，此是人類與獸類不同之所在。至於父慈，亦是天性的，但與母愛略有分別。父愛多半是含蓄的、潛藏於內心的，而父愛之著眼點亦與母愛不同，其是理性的，而母愛是感性的；有時表現極為嚴肅，故有「嚴父」之尊稱，此與動物相比，更有天淵之別。因此無論慈母與嚴父，其愛心皆是源於天性，亦是人類的本能。故無須強調。然而，子女對父母之愛，雖然亦是出於天性與本能，但是必須仰賴於教育的啟迪和培養，方能激發起子女的愛心，子女的愛心一旦經過激發而隱藏於內心，稱之為「孝心」或「孝思」，如果展顯於外則稱之為「孝行」。一般父母在精神上所希求於子女者，即是此「孝心」，只要享有這種親情，父母即能愉快地終其天年。

第二節　父母生養之恩

爲什麼應該孝順父母呢？關於這點，在原始佛教聖典中提到，孩子從出生至成年，父母給與子女無盡的愛心、養育、教導等辛勞。在生育方面：據佛典的記載，人出生於世，必須具備三種因緣，即是父母性的行爲；可以妊娠的母胎；在成長中有意識的活動。唯有具足此三種條件方能順利成長。同時最初的自體，必須保養在母胎中，直至身形完成後，方能離開母體而出生。《根本說一切有部毘奈耶》卷十九說：

「由三事現前方有子息。云何為三？一者父母有染心；二者其母腹淨應合有娠；三者應受生者中有現前，具此三緣方有男女。」⑩

《愛盡大經（Mahātaṇhāsaṅkhaya-sutta）》說：

「諸比丘！三事和合而入胎，是有父母之會合，但母還未有經水，且乾闥婆（gandhabba）不現前，其時不入胎。又，此有父母之會合，母已有經水，但乾闥婆不現前，其時不入胎。諸比丘！有父母之會合，母有經水，且乾闥婆現前者，如下三事和合者，有入胎者也。」⑪

《增壹阿含經》卷十二說：

「爾時，世尊告諸比丘：『有三因緣識來受胎。云何為三？於是比丘，母有欲意，父母共集一處，與共止宿。然，復外識未應來趣，便不成胎。若復識欲來趣，父母不集，則非成胎。若復母人無欲，父母共集一處。爾時，父欲意盛，母不大慇懃，則非成胎。若復父母集在一處，母欲熾盛，父不大慇懃，則非成胎。若復父母集在一處，父有風病，母有冷病，則不成胎。若復父母集在一處，母有風病，父有冷病，則非成胎。若復有時父母集在一處，父身水氣偏多，母無此患，則非成胎。若復有時父母集一處，父相有子，母相無子，則不成胎。若有時父母集在一處，母相有子，父相無子，則不成胎。若復有時父母俱相無子，則非成胎。若復有時識神趣胎，父行不在，則非成胎。若復有時父母應集一處，然母遠行不在，則不成胎。若復有時父母應集一處，然父身遇重患，時識神來趣，則非成胎。若復有時父母應集一處，識神來趣，然母身得重患，則非成胎。若復有時父母應集一處，識神來趣，然復父母身俱得疾病，則非成胎。若復比丘！父母集在一處，父母無患，識神來趣，然復父母俱相有兒，此則成胎。是謂有此三因緣而來受胎。』」⑫

孩子誕生之後，父母負有養育之重責。父母對孩子撫養、教育；不像其他動物，出生後只需要短時期的哺養、教育，過後即可自己獨立生存、成長，而人須由十餘年時光的教養。一個孩子出生後，有一段相當長的幼年期，不能獨立求生，需要依賴父母的乳哺撫養。並且需要父母師長的教養，才能漸漸的學會語言、知識、技能。所以一個人的長大成人，須由父母花費很大的辛苦勞力，才能長大成熟。《阿迦達經》說：

「父母生子，養育哺乳，長大欲令見日月光，父母以天下萬物示子，欲令知善惡。」⑬

《愛盡大經》說：

「諸比丘！母或在九個月或十個月間，彼其胎即重擔，以大擔心擁護於胎宮。諸比丘！於母經九個月或十個月，於大擔心之下出產彼重擔。彼所生者，以自己血哺育之。」⑭

《嗏帝經》說：

「復次，三事合會入於母胎，父母聚集一處，母滿、精堪、香陰已至，此三事合會入於母胎，母胎或持九月十月更生。生已以血長養，血者於聖法中，謂是母乳也。彼於後時諸根轉大，根轉成就。食麤飯麨，蘇油塗身。」⑮

《雜阿含六八五經》說：

「爾時，世尊告諸比丘：『譬如嬰兒，父母生已，付其乳母，隨時摩拭，隨時沐浴，隨時乳哺，隨時消息。若乳母不謹慎者，兒或以草、以土，諸不淨物，著其口中，乳母當即教令除去，能時除卻者，若兒不能自卻者，乳母當以左手持其頭，右手探其〔咽〕哽，嬰兒當時雖苦，乳母要當苦探其〔咽〕哽，為欲令其子長夜安樂故。』佛告諸比丘：『若嬰兒長大，有所識別，復持草土，諸不淨物，著口中不？』比丘白佛：『不也世尊，嬰兒長大，有所別知，尚不以腳觸諸不淨物，況著口中。』佛告比丘：『嬰兒小時，乳母隨時料理消息，及其長大，智慧成就。乳母放捨，不勤消息，以其長大不自放逸故。』」⑯

在〈律部〉中亦有記載，當孩子出生時，父母給與八個乳母來照顧他，且以種種的上好美食來餵養孩子。希望孩子如蓮出水般的疾速長大。到了入學時期，則爲孩子聘請明師，教授各方面的學問，如書、數、算、印、技藝、四吠陀等。《毘奈耶》卷十二說：

「時，勝軍王，即以太子授八養母：二供乳哺，二作褓持，二為澡浴，二共歡戲。給以乳酪、醍糊、石蜜，速使長大，如蓮出池。……是時，童子年漸長大，備教書、算、手印，技術悉皆明了。又，剎帝王種族之法，所有業藝咸令學習。所謂乘騎象、馬，控御兵車、刀器、干戈、鈎索之類；手足奇巧，斫射之儀，無不通解。」⑰

同時，在聖典中又記載，假如孩子的父親是國王或長者時，孩子誕生之後，將交予數位乳母撫養長大。例如伽尸國王，王子出生時，就給予四個乳母撫養，如《摩訶僧祇律》卷六說：

「佛告比丘：『過去有城，名波羅奈城，國名伽尸。時有國王，以法治化，人民安樂，無諸患難。時，王無子，夫人忽然懷妊；十月生子而無眼、鼻。生子大日，施設大會，集諸群臣、相師、道士，為子立名字。時，王土法，或因福相，或因星宿，或因父母而立名字』。婆羅門問言：『王子身體有何異？』傍人答言：『今此王子其面正平，都無眼、鼻之處。』婆羅門言：『今此王子應名鏡面。』以四乳母供給抱養：一人摩拭洗浴，一人除棄不淨，一人懷抱，一人乳哺。此四乳母晝夜給侍。譬如蓮花日日增長。」⑱

又，阿濕摩伽阿槃提國的王薩薄聚落，有一位富甲天下的大富長者，家中財寶豐盈，種種具足，唯少一事，無有兒息。於是向諸神祇求子，不久妻子有娠。經過十月懷胎，生下一位男嬰，此時大富長者給與五個養母養育之，如《十誦律》卷二十五說：

「是，居士令五種養母養視。何等五？一者治身母；二者除垢母；三者乳母；四者吉母；五者戲笑母。云何治身母？為是兒治頭、手、足、耳、鼻、諸指，是名治身母。云何除垢母？時時為兒洗浴、浣濯，是名除垢母。云何乳母？時時飲食乳養，是名乳母。云何吉母？是兒行時，執孔雀拂，持三股叉侍衞擁護，是名吉母。云何戲笑母？為兒作機關、木人、象、馬、車乘、弓箭種種戲具，隨時娛樂之，是名戲笑母。是，兒福德威力，而疾長大，便教書、數、算、印，善知諸物價相貴賤。」⑲

在《長阿含一經》中則有記載毗婆尸菩薩出生時，其父王給與四位乳母來養育之，如《大本經》說：

「爾時，父王給四乳母：一者乳哺；二者澡浴；三者塗香；四者娛樂；歡喜養育無有懈倦。於是頌曰：

乳母有慈愛，子生即付養；

一乳哺一浴，二塗香娛樂；

世間最妙香，以塗人中尊。」⑳

又《七佛經》說：

「彼菩薩摩訶薩右脇生時，本母、乳母、養母，及諸宮人圍繞保護。澡浴塗香，種種承奉。爾時，世尊而說頌曰：

『童子初生時，乳養有三母；及彼諸宮人，四面常圍繞；澡浴復塗香，令彼常安隱；如是晝夜中，無暫而捨離。』」㉑

從以上的種種論述，即可將父母恩歸納爲託胎生產之恩和乳哺養育之恩二種。可是關於父母恩，釋尊自身又如何詮釋呢？這是一個很值得探討的問題。此可從原始佛教聖典的記述中窺探一二。如佛陀證道後不久，就回宮爲父王說法撫慰，解除他許多的人生痛苦。同時，在父王臨命終時爲父王所說的話，所表現的神情。如《淨飯王般涅槃經》所記載：

「佛言：『唯願父王，莫復愁悒，所以然者，道德純備，無有缺減。』佛從袈裟裡〔伸〕出金色臂，掌如蓮花。即以手著父王額上。〔佛言：〕『王是清淨，戒行之人，心垢已離，今應歡悅，不宜煩惱，當諦思念，諸經法義，於不牢固〔身〕，得堅固志，已種善根。是故大王，宜當歡喜，命雖欲終，自可寬意。』」㉒

由此即可察知，釋尊的孝心比任何人要來得強烈。並且在父王逝世出殯之日，佛與難陀在靈前肅然而立，阿難和羅喉羅在靈足後恭立。時，次子難陀長跪請許佛陀讓他爲父王擔棺；姪子阿難，孫兒羅喉羅亦然。而佛陀自想未來世間，人多凶暴，不報父母養育之恩；爲此眾生，我應當親自爲父王擔棺，以作爲後世的楷模。如《淨飯王般涅槃經》記載：

「爾時，世尊念當來世，人民兇暴，不報父母育養之恩，為是不孝之者，為是當來眾生之等，設禮法故，如來躬身自欲擔於父王之棺。」㉓

又說：

「時，四天王，竊共思議，瞻望世尊，為當來世諸不孝順父母者故，以大慈悲，現自躬身擔父王棺。」㉔

聖典中亦記載，釋尊到達迦毘羅衛城北部的薩盧園時，城主釋尊之父淨飯王帶領了家眷和釋迦族出迎。對於淨飯王親身躬迎一事，釋尊有感不太適宜，反而覺得自己應當前往城中與父王相見，因王是自己的父親，有養育之恩，不應勞其躬迎。如《增壹阿經》卷十五說：

「是時，真淨王聞世尊已達迦毘羅衛城北薩盧園中。是時，真淨王將諸釋

眾往詣世尊所。是時，世尊復作是念，若真淨王躬自來者此非我宜，我今當往與共相見。所以然者，父母恩重育養情甚。」㉕

又，世尊出生不久，生母摩耶夫人就逝世了，後由姨母大愛道乳哺養育。世尊對於大愛道的養育之恩，感到非常的感謝。這可從世尊與尊者阿難的對話中得知，如《瞿曇彌經》說：

「於是，尊者阿難白曰：『世尊！此大生主瞿曇彌於世尊多所饒益；世尊母命終後乳養世尊。』世尊告曰：『如是阿難！如是阿難！大生主瞿曇彌實於我多所饒益，我母命終後乳養於我。』」㉖

《佛母般泥洹經》說：

「但惟佛生七日，大后薨。母慈至有大弘恩，在佛所耳。世尊歎曰：『真如汝言，母於吾誠有哺乳重恩之惠，吾亦有難算之恩在母所也。由吾明獲歸命佛、歸命法、歸命聖眾。自歸習盡道，冥滅，明盛。無疑於三尊苦習盡道，道眼明晝，解結、解獲無所著。若人能悟愚者之惑，令入正真，歸佛、歸法、歸乎聖眾。自歸習盡道者，受道弟子，盡天下名珍，訖其年

壽，供養經師。萬未塞一，歸命三尊，恩過須彌，弟子由芥子也。是故，阿難！吾有重恩於大愛道所，其為無量也。』」㉗

當姨母大愛道得知釋尊於不久的三個月將進入涅槃時，便前往釋尊處，請求釋尊許可她先入涅槃。當大愛道入滅荼毘後，釋尊欲想供養大愛道之舍利，此時釋提桓因、毘沙門天王等知道世尊心中所念，即從天上來至世尊處所，敬請世尊勿自勞神，而供養大愛道之舍利，可由釋提桓因、毘沙天王等代爲供養。可是舍利弗代世尊向大眾說，作爲孩子的釋尊也有父母乳哺養育之恩，故釋尊也當報答父母乳哺養育之恩，即使是過去、未來諸佛亦是如此。《增壹阿含經》卷五十說：

「爾時，釋提桓因、毘沙門天王前白佛言：『唯願世尊，勿自勞神，我等自當供養。』舍利佛告諸天：『止！止！天王！如來自當知時，此是如來所應修行，非是天龍、鬼神所及也。所以然者，父母生子多有所益；長養恩重，乳哺懷抱，要當報恩，不得不報恩。然，諸天！當知過去諸佛世尊，所生母先取滅度，然後諸佛世尊，皆自供養蚍旬（火化）舍利。正使將來諸佛世尊，所生之母先取滅度，然後諸佛皆自供養；以此方便，知如來應

自供養，非天龍、鬼神所及也。』」㉘

由以上的論述中，即可察知佛陀不但自己本身注重孝行，履行孝道，而且亦爲後世眾生立下一個很好的模範，讓後世有情眾生仿效、學習。在釋尊所說的經典中如《善生經》、《玉耶經》等，都是典型的闡揚孝行，重視倫理的經典，並且提示佛教徒應當了解及實行佛教的廣泛無垠、願力無盡的報恩主義。

在佛典中也有提及釋尊告誡世人，爲人子女恭敬、孝養父母的程度，應當如同供養一生補處菩薩。因此就有「各人堂上有二尊活菩薩，一尊是父親，一尊是母親」的名言流傳於世。釋尊亦曾對諸比丘說，世人若是供養父母及一生補處菩薩，能夠得大功德，成大果報，乃至證得涅槃，如《增壹阿含經》卷十一說：

「爾時，世尊告諸比丘：有二法與凡夫人得大功德，成大果報，得甘露味，至無為處。云何為二法？供養父母，是謂二人獲大功德，成大果報。若復供養一生補處菩薩，獲大功德，受大果報，得甘露味，至無為處。是故，諸比丘！常念孝順父母。如是，諸比丘當作是學。」㉙

由上述的種種論說看來，無非是在提醒世人，不要忘了盡爲人子女的天職。

因爲父母對子女的辛勞養育，可說是到了無微不至的程度，所以身爲兒女的，必須時時想到如何報答雙親的養育哺乳之恩，所謂「父母之恩，昊天罔極」。《增壹阿含經》卷五十說：

「父母生子，多有所益；長養恩重，乳哺懷抱，要當報恩，不得不報恩。」㉚

可是對於「父母」的尊敬、奉養與服從的對比之下，尊敬、奉養「父母」遠比對父母的服從更爲重要。反之對於父母的不正言行，子女有權力不順從；當父母有不是之處，身爲子女的亦應當盡心勸諫父母止惡從善。如《論語》謂：

「事父母，幾諫，見志不從，又敬不違，勞而不怨。」

《阿遬達經》說：

「父母喜殺生，子能諫止父母，令不復殺生；父母有惡心，子常諫止，令常念善無有惡心；父母愚癡、少智、不知經道，以佛經告之；父母貪狠、嫉妒，子從順諫之；父母不知善惡，子稍以順告之。」㉛

至於子女要如何報答父母養育之恩？在原始佛教聖典中則有提到「若人百年

之中，右肩擔父，左肩擔母，於上大小便利，極世珍奇衣食供養，猶不能報須臾之恩。」㉜《增壹阿含經》卷十二說：

「世尊告諸比丘：教二人作善不可得報恩。云何為二？所謂父母也。若復比丘，有人以父著左肩上；以母著右肩上，至千萬歲。衣被、飯食、床蓐、臥具、病瘦醫藥。即於肩上放於屎溺，猶不能得報恩。比丘當知，父母恩重，抱之育之，隨時將護不失時節，得見日月，以此方便知此恩難報。是故諸比丘，當供養父母，常當孝順，不失時節。」㉝

父母如此地辛苦養育，而不孝敬，奉養父母者是不能獲得現世的安樂，反而會招感惡道之果報㉞。反之，以飲食、衣服、臥具等供養父母，或者爲雙親按摩手足、沐浴、洗腳；盡心孝養父母者，於此世被諸賢者所稱讚，死後昇天享樂。㉟

在聖典中亦將雙親視爲甚受供養者，猶如火神般甚受子女的敬養。釋尊也如此地強調，這些甚受供養者——父母，是應當受子女的禮拜、供養。因此，在婆羅門教的祭祀所運用的三火中，佛陀卻將其中一火命名爲根本火，也即是以如法所得之財，供養父母，令其安樂。如《雜阿含九三經》說：

「然，婆羅門，當勤供養三火，隨時恭敬，禮拜、奉事，施其安樂。何等為三？一者根本，二者居家，三者福田。何者為根本，隨時恭敬、奉事、供養，施其安樂。謂善男子，方便得財，手足勤苦，如法所得，供養父母，令得安樂，是名根本火。何故名為根本？若善男子，從彼而生，所謂父母故名根本。」㊱

在聖典中又記載一個依乞食養父母的婆羅門來到世尊處，請問釋尊：尊者瞿曇！我如法乞食奉養父母，我應該如此做嗎？應該做這種人嗎？釋尊回答：婆羅門！你確實有盡到應盡的義務。婆羅門！如法求食奉養父母者，會獲得很大的功德。㊲又《雜阿含八八經》說：

「時，有年少婆羅門，名鬱多羅，來詣佛所，與世尊面相問訊，慰勞已，退坐一面，白佛言：『世尊！我常如法行乞，持用供養父母，令得樂離苦。世尊！我作如是，為多福不？』佛告鬱多羅：『實有多福。所以者何？若有如法乞求，供養父母，令其安樂，除苦惱者，實有大福。』爾時，世尊即說偈言：

『如法於父母，恭敬修供養，

現世名稱流，命終生天上。』」㊳

可見，從世俗的觀點來看，現實人間對我們的恩惠最大的，莫過於各人自己的父母。因爲父母生養我們，教育我們，甚至愛護我們到無微不至的境地。父母對子女的恩惠可說是「義高天地，恩深巨海」。故孩子應該孝順、敬奉他們。在聖典中有記載「善者（sappurisa）」是「知恩（katañnu）、感恩者（katavedino）」。如《增支部》說：

「如此的善者是知恩、感恩者；

此人想起以前的恩，而撫養父母；

依以前所受的恩，報答父母的義務。

守教義、撫養、不斷家嗣；

有信仰、持戒之子，是被稱讚的。」㊴

佛教講救濟不單是指未來，且是重視現世。宗教上的未來救濟，固然重要，但現實的世間救濟更爲重要。唯有現實真能得到救濟，始可信未來亦被救濟，如現實的都無法兌現，那還談什麼未來?所以佛法決不崇尚空談，當知實行孝道也是如此。父母去世以後，究竟生於何趣（善道惡道），固然值得子女關心。在可能的範圍內，多爲逝世的父母設供修福，使得早蒙佛力加被，出離苦處。但更重要的，還是父母在世之時，曲順親心，事之以禮；奉養孝敬，令其信仰三寶。即使父母有不是之處，作爲子女的應當和顏悅色加以勸諫，以盡爲人子女的天職，即使父母不聽，亦覺問心無愧。然而，孝敬父母的一片孝心，應當有加無減，決不可因父母的一時疏忽，就失去做兒女的應行之道。所以我們看一個人是否行孝道，不是父母死後喪禮排場擺得大，而在父母生前是否孝養週到。如果父母在世之日都不行孝道，則死後的一切作爲，是否出於孝思，就大成問題。因此，佛法雖講行孝於無始以來的父母，但是特別重視對現前父母所行的實孝，這是重視孝道的我們所不能忽視的。

父母在世之時，當盡自己所能，儘量的供給父母所需，以使父母身安、心安。《優婆塞戒經》卷三說：

「若人有能供養父母，衣服、飲食、臥具、湯藥、房舍、財寶，恭敬禮拜，讚歎尊重，是人則能供養東方。」㊵

自己爲社會服務時，當勤力從公嚴盡職守，不使父母爲自己擔憂；父母離開人世的時候，又當遵禮成服，盡爲子女所應盡的孝道。總而言之，「生事之以禮，死葬之以禮。」也就不失爲是個世間的孝子。但是依佛法的角度來說，唯有這樣的行孝於父母，畢竟是不究竟的，也不能徹底的顯示孝道。如〈增支部〉《惡修繕（Duppatikāra）》說：

「諸修行僧！我對二人不能充份報恩，那二者是誰呢？是母與父。諸比丘！有百歲壽、生百歲間；一肩擔母、一肩擔父。又彼向父母塗身、按摩、沐浴、揉和療治的看護他。父母在肩上撒尿、放屎，尚不能報父母之恩。諸比丘！又給父母富於七寶大地的支配權、王位，尚不能報父母之恩。何以故？諸比丘！因為父母以很多的方法來保護、養育子女，讓他們了解世上的很多事情。然而，諸比丘！無信仰的父母，勸他們發起信仰心，讓他們進入信仰、安住於信仰。無戒的父母，勸他們持戒、入戒、住於戒。慳吝的父母，勸他們發起布施心，讓他們進入布施、安住於布施。惡智慧的父母，勸他們發起智慧，讓他們進入智慧、安住於智慧。諸比丘！依此才是奉侍父母、報父母恩。」㊶

《阿遬達經》說：

「佛在舍衛國告諸比丘：『皆聽我所言致難。父母生子，養育哺乳；長大欲令見日月光，父母以天下萬物示子，欲令知善惡。諸比丘！如是子以一肩負父，復以一肩負母，至壽竟乃止。復以天珍寶、明月珠、玉璧、琉璃、珊瑚；自生禽獸白珠，皆以著身上，尚未足報償父母恩。父母喜殺生，子能諫止，父母令不復殺生。父母有惡心，子常諫止，令常念善無有惡心。父母愚癡少智，不知經道，以佛經告之。父母貪狠嫉妒，子從順諫之。父母不知善惡，子稍以順告之。諸比丘！子當如是，為人作子，衣服欲好於父母；食欲甘於父母。語欲高父母上，至死後當地獄中。為人作子，當孝順事父母，持行如是者，死當生天上。』」㊷

由上可知，子女對父母最主要的表現就是「孝」，真正的孝道，不僅是晨昏定省，諸多奉養，主要還是在於使雙親去惡行善。假定雙親作惡而不行善的話，試想爲人子女，親見自己的父母兇虐殘戾，濫竊非理，或者是耽醉荒亂，不行正道，造諸惡業，爲子女者能忍心讓父母這樣沈淪下去嗎？所以釋尊所倡導的真正孝道，如上所述，父母愚癡而無智慧，就當設法教令生起智慧；如果父母慳貪不捨，就當權巧勸令多行惠施；孤陋寡聞，就當設法使其多聞正法；不以禁戒約束身心者，就當爲之說明戒行的重要，使父母如法如律而行；對三寶沒有信心的，就當告訴他們三寶的希有難得，使之誠信的歸敬三寶。總之，父母正行之時，我們要百般隨順曲從，不使有難言之痛或愧悔煩惱；父母邪行之時，我們要善巧方便引導，使之走上光明正道。這樣不僅於現世中，得諸快樂，在未來世中，亦獲得安穩，乃至最後令父母得到身心的究竟解脫，方是佛法所說的大孝矣！

原始佛教聖典中，雖然處處有論述到身爲子女應當孝敬、奉養父母。反之對於那些不盡奉養、敬重父母的子女加以非議。《雜阿含一一七九經》說：

「若父母年老，不及時奉養；有財而不施，是則墮負門。」㊸

《雜阿含一〇二一經》說：

「若父母年老，少壯氣已謝；不勤加奉養，當知領群特。」㊹

《經集》說：

「自己過著富裕的生活，而不奉養年老、老衰的父母者，應知彼是賤民。」㊺

又說：

「自己過著富裕的生活，而不奉養年老、老衰的父母者，這是敗亡者之門。」㊻

雖然如此，可是在現實的世間，不論古今中外，偏偏常有一些不孝的事實傳布出來，或拳足交加的打父母，或使父母長吟短歎，甚至還有以被藏飯的不孝子媳。有的在未婚之前，對父母尚知孝順，一旦婚娶之後，就只知與私室內的妻子共相娛樂，而把年老的父母丟在一旁，從朝至暮再也不去過問雙親的溫、飽。關於這種忘恩負義的例子，在佛典中也有記載。如《雜阿含九六經》中，記載著一位年老的父親被兒女拋棄的傳說：

「爾時，世尊晨朝著衣持鉢，入舍衛城乞食，時有異婆羅門，年耆根熟，執杖持鉢，家家乞食。爾時，世尊告婆羅門：『汝今云何？年耆根熟，拄杖持鉢，家家乞食。』婆羅門白佛：『瞿曇！我家中所有財物，悉付其子，為子娶妻，然後捨家，是故拄杖持鉢，家家乞食。』佛告婆羅門：『汝能於我所，受誦一偈，還歸於眾中，為兒說耶。』婆羅門白佛：『能受，瞿曇！』爾時，世尊即說偈言：

『生子心歡喜，為子娶財物，亦為娉其妻，而自捨出家。
邊鄙田舍兒，違負於其父，人形羅剎心，棄捨於尊老。
老馬無復用，則奪其麵麥。兒少而父老，家家行乞食，
曲杖為最勝，非子為恩愛，為我防惡牛，免險地得安，
能卻兇暴狗，扶我闇處行，避深坑空井，草木棘刺林，
憑杖威力故，峙立不墮落。』

時，婆羅門，從世尊受斯偈已。還歸婆羅門大眾中為子而說，先白大眾，聽我所說，然後誦偈；如上廣說，其子愧怖，即抱其父，還將入家。摩身洗浴，覆以青衣，被立為家主。」㊼

與上述同一經之〈相應部〉《摩訶沙羅（Mahāsāla）》的另一經㊽則記載有一位衣衫襤褸、疲憊不堪的富有婆羅門來到世尊處，慨嘆地說：自己的兒子和他們的妻子，計謀將自己從家逐出。於是世尊以相同的詩偈告訴老人。老人聽完釋尊的指示後，便來到眾人集聚的集會堂，坐在孩子的旁邊，將這首詩唱了出來。彼孩子聽了這首詩後，領悟到自己的過錯，而將老父帶回家去，爲他沐浴、穿衣，且將他立爲家主。

從上述的故事，啟示了我們，一個不善之士之所以缺乏善心，不仁不義，爲非作歹，其背後必然蘊藏著無數錯綜複雜的因由和背景。但是，我們不要忘記，即使是一個極惡、缺德的人，他還是有慚愧心和善良的一面，只要遇到善的因緣，好的善知識引導，還是有改過自新的機會。所謂「人非聖賢，孰能無過，知錯能改，善莫大焉。」「浪子回頭，金不換。」因此，對任何人皆當持有原諒之心、包容之心、接納之心，且常懷感恩心、報恩心。並且要「不輕末學」，「不輕毀犯」。爲了挽救世道人心，我認爲莫過於從五戒十善做起，同時也可從孝道著手，因孝乃是「天之經」、「地之義」。不論世界是怎樣的變遷，時代是怎樣的前進，孝道總是永恆不變的道德律。

到了老年無用而被遺棄的老人，在吠陀經典已有出現。這種放棄老人的作法，可說是世界性的社會問題。佛教爲了要革除這種問題，於是勸導世人要孝順、奉養父母。敬重父母一事，在古代的印度早已被立說，如《奧義書》所說：

「敬母如神，敬父如神」㊾。

而佛教也同意此說法，並給予細說。如《經集》說：

「奉養父母是最上的幸福」㊿，「應當依如法（得財）奉養父母」51，

「在世孝敬母是快樂的，孝敬父是快樂的。」52

《相應部》中也有記載：

「恭順父母的兒子是被讚歎的。」53「若依理法奉養父母者，如此奉侍父母者，現世為諸賢者所稱讚，又逝後昇天享樂。」54

又說：

「母與父也叫為梵天、叫為老師，是孩子們應該供養者，同時是愛孩子者。因此，賢者以食物、飲料、衣服、床坐、塗身、沐浴、洗足。如此的

禮敬父母、奉侍父母的話，在世會被諸賢者所稱讚，又逝世後昇天享樂。」55

第三節　子對親應盡的義務

至於子女對於父母應盡的義務，在原始佛教聖典中也有提到，子女受到父母的生育、哺乳、教育之恩；長大後，應當反哺年老的父母，尤其是在父母的晚年，更應盡奉養的責任。並且要延續子嗣，承繼父母的家業，保留家族傳統的美德，以及爲先祖作福迴向。如《教授尸迦羅越經》說：

「長者子！東方的父母當以五事由其子來敬奉：一者奉養雙親；二者為他們（父母）做應作的事；三者相續家系；四者繼承財產；五者為祖先奉上供物。」56

關於《教授尸迦羅越經》所提示的子女應以五事敬奉父母，在佛音論師的《教授尸迦羅越經註釋》中則有如下的說明：

一、「我將奉養雙親（bhato nesam bharissāmi）」——依佛音論師的解釋是：

「我是由父母以母乳餵養的，使我手腳成長，〔父母〕幫我洗掉臉上的鼻涕，沐浴、裝扮，養育〔我〕，照顧〔我〕，我將為年老的雙親洗腳、沐浴，用粥和食物等來奉養他們。」㊺

父母養育我們，長大後反哺雙親，本是人之常情。然而，從佛音論師的論述中，可以得知子女對父母應侍奉得極其周到，且態度要極其恭謹。猶如《禮記》所說：

「凡為人子之禮，冬溫而夏清，昏定而晨省。」

二、「我將爲他們（父母）做應作的事（kiccaṃ nesaṃ karissāmi）」——依佛音論師的解釋是：

「我將放下自己的工作，譬如去皇宮等，為父母做所產生之事。」㊻

爲父母作事，本是子女應盡之義務。但是爲了父母之私事而放棄公事，這就有待進一步討論。因爲凡事應分輕重，以及事宜性質的重要性；一切事務皆應站在理性、客觀的立場來處理，而非隨著內心情感的衝動去處事。因此在履行某一種義務時，皆須以合情、合理、合法的方式去處理而非盲從的隨順。故為父母所作之事務亦然，須視其性質的輕重而行之。

三、「我將相續家系（kula–vaṃsaṃ thapessāmi）」——依佛音論師的解釋是：

「不損減雙親所具有之田地、房地、黃金等，能守護者方名為相續家系。或者將父母由非法的傳統帶出，而置於如法的傳統。〔如果〕家族中有籌食（財富）進來，就應該讓它繼續增長，關於這個稱為我將相續家系。」59

四、「我將相續財產（dāyajjaṃ paṭipajjāmi）」——依佛音論師的解釋是：

「不順從雙親自身的教訓之行惡子孫們（miccha–paṭipanne），要決心去處置他們。然而，不是兒子者（斷絕父子關係者），他們是不適當成為財產的相承者。可是聽從教訓的孩子們，應當讓他們成為家產的主人。如此地主張說：『我是那樣做的。』且說：『我將相續財產。』」60

在此佛音論師說得極為懇切，若是將家業傳予不肖之子，僅會讓他更加墮落，而沒有脫胎換骨的機會。同時對於那些不爭氣的孩子，只能讓他坐食山空，養成好逸惡勞的習慣。然而對於那些有志向、志氣、肯奮鬥和有道德的孩子，即應給他承繼家業，且鼓勵他繼續發展祖業和光宗耀祖。

在當時的印度社會，亦有雙親與劣子斷絕親子關係的事實流傳。因此，爲了使自己能夠順利地成爲相續家系的孩子們，就不能不孝敬父母、隨順父母，努力作業。家是屬於經濟活動的單位，這樣的作法是當然的事。當時，相續者是繼承財產的人，假如無子的時候，死者的財產是被國王所沒收的。這可說是一個通例。如《雜阿含一一三三經》說：

「爾時，舍衛國有長者名摩訶男，命終無有兒息。波斯匿王以無子，無親屬之財，悉入王家。」61

《增壹阿含經》卷十三說：

「爾時，舍衛城中婆提長者遇病命終，然彼長者無有子息，所有財寶盡沒入官。……王波斯匿塵土坌身來至世尊所，頭面禮足，在一面坐。是時，世尊問王曰：『大王！何故塵土坌身來至我所？』波斯匿王白世尊曰：『此

舍衛城內有長者名婆提，今日命終，彼無子息，躬往攝財寶，理使入官。』」㉖

在《苾芻尼毘奈耶》卷一記載，在摩揭陀國有一大城，住了一位富甲天下的大婆羅門尼拘律，富有財產多諸僕使，金、銀、珍寶盈溢倉庫。可是經歷多年了無子息，恆求繼嗣竟未稱心，且祭供一切神祇祈請生子，但皆不能稱意，心中常懷憂苦，慨嘆地說：

「我今家資巨億，既無繼嗣，將欲付誰，終被官收，自無毫分。」㉗

從這當中，即可看出世人對於生子的那種欲求和無有子嗣的憂苦。這種愁苦的心境可以從尼拘律婆羅門與母親的對話中感覺出來：

「母曰：『汝今何故如是長歎？』答曰：『我今身心豈得安隱，資產豐贍世所希有。現無子息，形命難保，一旦壽終，咸皆散失。』」㉘

自古以來人們皆不想斷絕自己家族的延續。因此，爲了家族的繁衍心願和家業的相續，對孩子而言，他們就有延續家系和相續守護財產的責任。但是自古以來也是有些擁有很多的財富，却因絕後而無法承繼家產的事例。

同時在法典中也有記載，婦女在規定的年限，若不能替丈夫生下男嬰的話，則當離婚。據《包達耶那法典》所載：

「若十年間不妊娠，或十二年間只生女子，或十五年間生子皆不育，則當出其妻。」㊀65

由上所述，不難想像當時的社會，爲何要求婦女必須替家族生下男兒。大體而言，可將其原由歸納成三點：

1.當時的農業相當發達，且耕種面積不斷擴大，故工作人手的需求量大增，尤其是男眾。

2.男孩才是真正傳接香火和繼承家業的人選，這種觀念可說與中華民族的家族觀念完全相同。

3.當時的人們認爲依其子能夠獲得現世的利益，且寄望自己的肉體依於子孫而能相續於未來；死後的靈魂也有賴於子孫的奉祀而升天界。如《包達耶那法典》所載：

「依子而征服現世，依孫而得不死，依曾孫而上天界。」66

對於相續一事，《增支部》說：

「失去的東西不再探索，舊的東西不再修繕，飲食不節制，性質惡的男女成為家的支配者，皆不能維持家財的相續。」反之「失去的去探索，舊的去修理，飲食節制，守戒的男女成為家的支配者，祖業才得於相續不斷。」[67]

五、「我將〔爲祖先〕奉上供物（dakkhinam anupadassāmi）」——依佛音論師的解釋是：

「〔我將〕作布施迴向給他們〔先人〕，從第三日以後將為他們奉上供物。」[68]

亦即是說從亡者逝世後的第三日開始，子女將會爲先祖作功德，且迴向給他們。這種爲亡者逝世後，第三天起作功德迴向的作法，可說是當時印度的一種風俗習慣。關於爲亡者作功德迴向一事，在今日的印度還保存著，而今日的泰國卻另有在亡者死後第七日爲他作布施、供僧的習俗流傳著。對於每月新滿月之日奉行祭拜祖靈，在《摩奴法典》中有詳細的記載。根據《摩奴法典》的記載，由於兒子爲祖先奉行供物，則能將祖先從地獄救出。[69]同時對於新月之日準確舉行祖靈祭的人，會不斷爲他帶來各種幸福。⑳祖先祭可能在各國都有其所舉行的儀式，因爲我們是受祖先的恩惠，所以要至誠的感激祖先，這是一種自然的道德意識。而祭拜祖先的習俗在中國來說是非常普遍的。總而言之，這種相續祖業和延續後代的意識是存在於當時的印度社會，而被融入於佛教的教義中。

關於子女對父母應盡的義務，在漢譯傳本中亦有詳細的記載，且給與具體的敘述，其與巴利傳本的內容對照如下：

《善生經Ⅰ》	《善生經Ⅱ》	《六方禮經》	《善生子經》	《DN. 31.》
1.供奉能使無乏	3.所欲則奉		4.唯從供養	1. bhoto nesaṃ bharissāmi
	5.所有利物盡以奉上			
2.凡有所爲先白父母		3.不益父母憂	1.念思惟報家事	2. kiccaṃ nesaṃ karissāmi

3.父母所爲恭順不逆				
4.父母正令不敢違背	4.自恣不違		5.唯歡父母	
5.不斷父母所爲正業	2.備辦眾事	1.當念治身	2.唯修債負	
		2.早起令奴婢，時作飯食		
		4.常念父母恩		
		5.父母疾病，當恐懼求醫師治之		
			3.唯解勅戒	
	1.增益財產			4. dāyajjam paṭipajjāmi
				3. kula-vaṃsaṃ ṭhapessāmi
				5. atha ca pana petānaṃkāla katānaṃ dakkhiṇaṃ anuppadassāmîti

從上述的列表中，即可看出各個傳本的差異點。每部經典的不同處，當然與其譯出的年代背景，流傳區域，以及各部派所傳誦的傳本有很大的關係，而《善生經》的各個傳本也不例外。因涉及到筆者個人智力限制，所以對於各個傳本所呈現的問題點，有待將來作進一步的鑽研，故此姑且不加以論述。

從上表的內容中，很明顯地看出漢譯傳本具體的表現出子女對父母的孝敬。這種孝的表現，可說是深受中國儒學的影響，因爲翻譯者爲了避免受到儒家的非議、論難，故有採用當地本有的倫理觀念來翻譯經典。因此所翻譯出來的經文難免與原文有所差異。尤其是儒家，子女對於雙親盡孝的道德是絕對性的，是與其他的道德並稱的，因爲儒家認爲「百善以孝爲先」。又，儒家說仁，必從孝順父母做起，因仁的初意是敬愛父母，故說：「孝悌也者，其爲仁之本歟。」若不能盡孝，似乎沒有仁可言。可是在印度文獻中並沒有「孝」的單字，所以在梵、巴文獻並沒有孝的詞彙出現。

在原始佛教聖典中，有時則將「應該尊敬父母、兄長、老師」給與相提並論。《雜阿含九一二經》說：

「父母及長兄，和尚諸師長，及諸尊重者，所不應生慢；應當善恭敬，謙下而問訊，盡心而奉事，兼設諸供養。」[71]

《增壹阿含經》卷四十說：

「世間無善知識者，則無有尊卑之敘，父母、師長、兄弟、宗親；則與彼豬犬之屬與共一類。造諸惡緣，種地獄罪緣。有善知識故，便別有父母、師長、兄尊、宗親。」[72]

同時在佛典中亦有以母、父、如來、聲聞弟子並列的方式出現。在〈增支部〉則也有提到，對母、父、如來、正覺者，或聲聞弟子行惡的話，會獲得惡報，反之對他們作了善行，則會獲得善報。[73]在其他的場合則有說到

「奉養母、父者，崇敬在家中年長者（kule—jetthāpacāyin）……稱他為好人（sappurisa）。」[74]

對於奉侍父母一事，與其他的道德並談的也有，如說：

「布施、不傷害（ahiṃsā）、自制（saññama）、克己（dama）、於寂靜處修梵行、奉侍（upaṭṭhāna）父母，此等是被智者所稱讚的。」[75]

在《奧義書》中，亦有提及布施、不傷害、自制、克己等道德，有時則將之合在一起記述⑯。對於這種觀念，佛教全面性的給與接受，並在這當中加上「奉侍父母」，故可看出對於「奉侍父母」的重視。以上所論述的子女對雙親應盡的種種義務，應該是立足於報恩思想，而給與擴展的。

第四節　親對子應盡的義務

前面已檢討過子對雙親所應盡的義務，這種親子的關係是雙向的，而非單向的。如《優婆塞戒經》卷三說：

「父母還以五事報之：一者至心愛念；二者終不欺誑；三者捨財與之；四者為娉上族；五者教以世事。」⑰

接著，本節將論述雙親對子女應盡的責任。

其實，教育孩子，指導孩子，養育孩子，本是父母應盡的天職。父母，按理而言，是應慈愛子女，且應以身作則。如《中阿含經》說：

「父母亦以五事善念其子。云何為五：一者愛念兒子；二者供給無乏；三者令子不負債；四者婚娶稱可；五者父母意所有物盡以付子。」[78]

故古賢謂：

「夫風化者，自上而行於下者也，自先而施於後者也。是以父不慈則子不孝，……」[79]

又說：

「欲求子孝必先慈，將責弟悌務念為友；雖孝不待慈，而慈能植孝，悌非期友，而友亦立悌。」[80]

在原始佛教聖典中有提及，爲人父母者應當禁止子女趨惡，勉勵他們向善，教導他們生活技能，並且成年時爲其選擇適當的配偶，以及在適當的時期給與承繼家業，表示對子女的關懷與愛心。如《教授尸迦羅越經》說：

「父母當以五事慈愛其子：一者使其離惡；二者使其入善；三者使其學習技能；四者令與適當的妻子結婚；五者適當之時給與遺產。」[81]

對於《教授尸迦羅越經》所述說的父母應以五事來慈愛其子一事，佛音論師在《教授尸迦羅越經註釋》中有一一的給與註解：

一、「使其離惡（pāpā nivārenti）」——依佛音論師的解釋是：

「〔父母要為孩子們〕解說殺生等，在現世和來世〔所帶來〕的過失。如此地制止他們說：『兒子啊！你不要作這種事。』如果作的話，要責備他們。」㉜

大凡天下父母為了子女而教其遠離罪惡的這種心情，自古以來都是一樣的。爲了能讓孩子從善去惡，身爲父母者應以身作則，先從自己做起，塑造一個很好的典範，讓孩子效法，學習。因爲孩子對於父母的一舉一動，都認爲是正確的，而盡力去模仿。因之，父母若有不正當的行爲、習慣皆會成爲孩子學習的對象，於是誤導子女以惡爲善。同時惡習父母所說的善好言教亦無法影響子女，讓子女服從、接受。除了以身作則之外，在閒談之時，父母也可以灌輸兒女一些道德觀念，並且將古德的金玉良言，經典中的格言、詩偈、故事等，以深入淺出，輕鬆活潑的方式講給子女聽。在如此地日積月累薰陶下，孩子的言談舉止既會受到這些慈訓、嘉言所影響；當孩子造作錯誤的行爲時，父母應當即時以溫和的語氣和正經的態度去糾正他，這樣方能給孩子對於善惡、好壞、是非有深刻的印象和區別，因此在往後的日子才不會犯上同樣的錯誤行爲。

二、「使其入善（kalyāṇe nivesenti）」——依佛音論師的解釋是：

「如給孤獨長者那樣，布施自己所得，使孩子趣入受戒等。」㊈

然而，身爲父母者，又應該如何去引導子女啟善、入善、住善呢？如《長阿含三一經》說：

「一者制子不聽為惡；二者指授示其善處。……」㊉

《六方禮經》說：

「一者當念令去惡就善；二者當教計書疏；三者當教持經戒。……」㊊

對於引導子女入善一事，即可從日常家庭生活的人、事、物爲起點。如教導小孩，無論對任何人都必須有禮貌；遇到親朋戚友、師長前輩要與他們打招呼；接受別人的禮物或好意時，應該道謝；賓客來訪時，要熱情地招待；遇到有機緣行布施時，拿些銀錢或教導他如何運用自己的儲蓄去行善布施；對於花草樹木要愛惜，不可隨便摘取；要愛護小動物，不可殺害；飲食菜餚不可糟蹋；東西未經他人允許，不可亂取等等。對於這些都應當隨時教導他們，使他們自小就養成敬重長者、扶助弱小、愛惜事物、施捨不吝的觀念。在這種隨時教導，隨時學習的薰陶下，心智自然而然會趣善、入善、住善；長大後亦會成爲一個善人君子。

三、「使其學習技能（sippaṃ sikkhāpenti）」——依佛音論師的解釋是「當孩子懂得遵循雙親的教育時，讓他學習家中所傳（vaṃsāgata）的印、算等技能。」⑧⑥

在當時的印度人還是以經商爲多，因此印算等學問是雙親傳給兒子的；而教導孩子學習印、算，也可說是爲了孩子一世的謀生。對於父親將自己的職業傳給孩子，在過去的農業社會是行得通，且沒有多大衝突，假如父親是農夫，孩子就一邊幫忙父親耕田，一邊學習耕田的方法。假使父親是醫生、木匠、鐵匠，孩子就很自然成爲醫生、木匠、鐵匠。換言之，父親先有的職業，孩子一面在旁幫忙，一面跟隨父親學習，進而就繼承父親的職業。可是這種方式，在今日的社會，是行不通的，因爲有些孩子根本對父親所從事的工作不感興趣，二來看不到父親工作的實際情況（在外上班的父親）。另方面，過去農業時代與現今科技時代所需要的人材不同。譬如過去的孩子只要算術好、珠算好或是手藝巧奪天工，即能找到好的職業。可是邁向電腦化和高科技的今日，所需要的人材是想像力強，有豐富創造力，且頭惱敏銳的人。因此，給孩子接受高等教育、攻讀適合自己興趣、能力的科系乃是今日每個父母的心願。

四、「令與適當的妻子結婚（patirūpena dārena saṃyojenti）」——依佛音論師的解釋是

「譬如適當的家事、習慣、容姿等。」[87]

此意味著要爲孩子選擇適當的配偶，如與自己家庭背景相等，與孩子的性格、習慣、容姿的相似，《中阿含經》說：

「婚娶稱可」[88]，

亦如民間所流傳的一句佳話：

「龍配龍，鳳配鳳，老鼠配地洞。」

換言之，爲孩子選擇配偶時，首先需要顧及雙方的興趣和利益，進而再求背景的相同：如年齡相近，教育程度相近，思想、意向相同，性格相近，宗教信仰一致，家庭背景以「門當戶對」爲宜。此中所舉可說是選擇理想對像時必須考慮的重要條件，亦是相似夫婦的一種理想和欲求美滿家庭的要素。

在當時印度階級制度上，四姓階級之間的禁制，極爲嚴格，且壁壘分明。各種階級有它應遵循的習尚法規，不僅規定談話、進餐、接觸的對象，亦規定結婚對象。同時對於婚嫁極爲嚴格，所以在不同種姓的情況下，是決對不允許通婚的。在《摩奴法典》中記載：

「不娶本種姓女子，而與首陀羅婦女同床的婆羅門墮入地獄；如從她生一個兒子，即被剝奪其為婆羅門的資格。」⑻

除了階級之外，婚嫁的對象還將財富、名望、宗教信仰等都列爲考慮條件，如《增壹阿含經》卷二十二記載：

「爾時，滿財長者，有少事緣到舍衛城，往至阿那邠邸長者家，到已就座而坐。是時，修摩提女，從靜室出先拜跪父母，後拜跪滿財長者，還入靜室。爾時，滿財長者，見修摩提女顏貌端正，如桃華色，世之希有。見已，問阿那邠邸長者曰：『此是誰家女？』阿那邠邸長者報曰：『向見女者是我所生。』滿財長者曰：『我有小息，未有婚對，可得嫡貪家不？』是時，阿那邠邸長者報曰：『事不宜爾。』滿財長者曰：『以何等故事不宜爾？為以姓望，為以財貨耶！』阿那邠邸長者報曰：『種姓、財貨足相訓匹，但所事神祠與我不同；此女事佛，釋迦弟子，汝等事外道異學，以是之故，不赴來意。』」⑼

關於爲孩子娶適當的妻子一事，在一個家族有安定的住所和作業的生活，以及有家產相續的社會才可能。雖然，今日社會雖已邁向婚姻自由，自由擇偶，但是子女婚嫁大事由雙親規定，或透過媒妁之言的風俗習慣至今還流傳著。縱使近代的社會，子女的婚嫁還有由父母來決定，可是由子女自身去尋找對象的傾向已經不斷增加。這種現象在時代的變遷下，可能在不久的將來會被淘汰。但是對於這種自主婚姻卻時常遭受家庭反對、父母阻礙，更給與經濟上的壓力，尤其是出現在不同種族、籍貫的家庭爲多。近來，在民主意識的影響下，父母對於子女的婚嫁，漸漸地不再加以干涉，讓兒女自由去找對象，可是對於子女的婚嫁父母還是關心的；雖然擇偶由自己決定，但是父母所提供的意見，對兒女而言，還是有相當大的影響。

五、「適當之時給與遺產（samaye dāyajjam niyyādenti）」——依佛音論

師的解釋是：

「在適時之時給與財產，所謂適當的時間可分為臨時（kāla–samaya）和時常（nicca–samaya）兩種時期。時常給與是『喂！振作起來，拿這個去當作你的費用，且依這個去行善。』臨時給與是在學習、建築、婚禮等的時候給與。又，在臨終的最後時刻，橫臥在床上的人說：『將這個拿去作善事』，亦可稱為臨時給與。」(91)

對於臨終者所給與的財物，人們都把它當作是臨時給與；這意味著臨終者最後所說的話是他的一種遺言和寄託。至於，亡者所遺留下來的財富，能夠爲之拿去布施、供僧、行善等的作法是很值得鼓勵的。因爲能夠借此因緣，將行善福德迴向給死者，以增加死者之善緣，且助他往生善道。

由上所述，即可察知當時的印度社會，一般風尚喜歡多子多孫，祈求生子，如若生女亦是給予善待。然而，在當時社會子嗣觀念的強化下，生子欲求更是難免的了。因爲唯有生子才能使他繼承家業，使他祭祀祖先，所以子嗣的觀念在婆羅門教是非常受重視的，而這種觀念與中華民族是相同的。又古印度的家長，在孩子長大成人之時，則把家長的地位讓給兒子，將財產分配予諸子，然後攜帶妻子進入森林，過著園林隱居生活，成爲「林居者」。這種習俗在婆羅門教的諸法典中有被規定，雖然這種作法是很不容易的，但卻很重要。因爲一個人要將一生所獲得的財富、權勢、地位，在此刻完全放下是很不容易。但是我們要知道人生短短數載，剎那而過，若僅是爲了滿足欲望的希求，而不斷地往外追求，卻忘了往內心探索，追求生命的奧祕和終極的意義，以及心靈的解脫，那可說是枉走人生一遭。畢竟外在的一切事事物物皆是虛妄不實，如夢如幻。印順法師說得極爲懇切、實在，所謂：

「積聚皆銷散，崇高必墮落，合會要當離，有生無不死，國家治還亂，器界成復毀；世界諸可樂，無事可依怙。」㊾

故人生不斷地往五欲追求，到頭來僅是一場空，最後唯有帶著一身的業因去受報，所謂「萬般將不去，唯有業隨身」。

除了《教授尸迦羅越經》有記載父母應當以五事慈愛其子之外，在漢譯傳本中亦有詳細地記載父母對子女應盡的義務，其與巴利傳本的內容對照如下：

《善生經Ⅰ》	《善生經Ⅱ》	《六方禮經》	《善生子經》	《DN. 31.》
1.制子不聽爲惡				1. pāpā ninivārentio
2.指授示其善處		1.當念令去惡就善		2. kalyāṇe nivesenti
3.慈愛入骨徹髓	1.愛念兒子			
4.爲子求善婚娶	4.婚娶稱可	4.早與娶婦	3.與娉婦	4. paṭirūpena dārena saṃyojenti
5.隨時供給所須	2.供給無乏		5.則以所有付授與子.	
	5.父母可意所有財物盡以付子	5.家中所有當給與之		
	3.念子不負債			
		2.當教計書疏		3. sippaṃ sikkhāpenti
		3.當教持經戒	4.教學經道經	
			1.興造基業	
			2.與謀利事	
				5. samaye dāyajjaṃ niyyādenti

由上表即可察知，親子之間的關係，並不像一般所想像那樣，僅是單向的付出；而佛陀所強調的親子關係卻是雙向的，是完全處於平等獨立的地位。這種平等相對待的觀念，可說合乎於人性尊嚴。因爲，親子的互愛，是建立在彼此間的相互尊重上。唯有在相互尊重的原則下，方能維護彼此間的自尊心和增進彼此的感情。倘若僅是單方面的付出、關心，親情就失去它的連心和情感的交流；父母對孩子就不容易起誘導作用，而子女也不會主動去親近父母，與父母談心。唯有在互愛的氣氛中，每個家庭成員的心智都能成長，生活也顯得有朝氣、活力。反之，家庭一天失去愛心，便一天失去心智的成長，失去精神生活的希望。由此可見，親子之間的互愛、尊重，以及彼此間的合理相互對待德行是何等的重要。是爲人父母、子女所不可忽視的。

在古代的社會中，父親不僅是一家之主，而且還是家庭傳統中的宗教、習俗的詮釋者，以及子女行爲優劣與否的仲裁者。當家庭成員與他交談時，是持著必恭必敬的態度，因他（家長）在家庭中具有無上的權威而使人感受畏懼。可是在民主制度的發展和重視個人自由的前提下，父親對於子女的威力，由絕對服從、信仰而變成僅供參考而已。此時所謂父權，實由民主的轉化而日漸消失。就以西方家庭而言，父親的命令或指導，其子女可以拒絕和不服從，但是父親所提供的忠告，仍舊有其權威性。雖然在今日的民主社會，傳統的父權已日漸消失，但是父親的地位還是相當受到子女的肯定和敬重。在這種民主化的意識下，父子間的顧慮可說完全消除，子女大可將問題、疑難提出與父母進行討教商榷。儘管父權已泰半消失，但是父親仍然是父親，此是無可否認的事實。

在聖典中，除了記載母親有十月懷胎，三年乳哺之辛勞外，也有敍述父親爲了家庭的生活而奔波忙碌。爲了使一家大小沒有生活上的任何掛慮，能讓妻兒住的好，穿的暖，吃的飽，於是作父親的就日夜奔走於外，忙著賺錢養家。《根本說一切有部毘奈耶》卷一說：

「今，此孩子儀容端正，眾心樂觀，是商主難陀之子，應與此兒名孫陀羅難陀。授八養母，速便長大，如蓮處池。學綜四明，藝窮八術。其父，爾時，於春、夏、冬，為造三殿，並三苑園，三種婇女。謂上、中、下；昇妙樓觀奏諸伎樂。是時，難陀商主常為計算，取與出納，無時暫休。時，孫陀羅難陀白其父曰：『何苦計算，無暫閑時。』難陀報曰：『汝豈鎮處高樓，終日歡戲，而能辦家業耶？而我必須知其家業。』」93

與此同時，爲人父母的也經常爲子女未來的生活而擔憂，因此常想，應當教導孩子學習何種技術，才能在未來生活中，過得安逸，不會勞苦。所以儘量讓子女學習一些有利未來生活出路的學問、技能。盡可能讓子女接受高等教育，進入知名的學府，攻讀熱門，且出入較廣的科系。父母對子女的這種慈愛、關心，可說是古今中外皆同。如《四分律》卷三十四說：

「父母唯有此一子，愛之未曾離目前。父母念言：我當教此兒學何等技術？我等死後，快得生活，無所乏短。即自念言：當教先學書，我等死後，快得生活，無所乏短，不令身力疲苦。復作是念，教兒學書亦有身力疲苦耳！更教學何等技術，我等死後，快得生活，無所乏短，不令身力疲苦。念言：今當教此兒學算數技術，我等死後，快得生活，無所乏短，不令身力疲苦。父母念言：今教兒學算數亦有身力疲苦耳！今當更教此兒學何等技術？我等死後，快得生活，無所乏短，不令身力疲苦。今當教此兒學畫像技術，我等死後，快得生活，無所乏短。復念言：今教此兒學畫像技術，恐兒眼力疲苦，當教此兒更學何等技術？我等死後，快得生活，無所乏短，眼力不疲苦。即念言：沙門釋子善自養身，安樂無苦惱。若當教此兒，於沙門釋子法中出家為道，我等死後，快得生活，無所乏短，不令身力疲苦。」94

從上述的的引文中，即可看出父母對兒女的關懷、愛心，所謂「天下沒有不愛兒女的父母」。由於父母對於兒女的這種愛，往往是帶著一種期望，所謂「望子成龍，望女成凰」。所以在那種「玉不琢，不成器」的情況下，父母當然會抱著「子不教，父之過」的態度。而在「愛之深，責之切」的驅策之下，父母往往會對子女提出種種要求，並且要子女聽從他們的使命，而沒有顧慮到子女的尊嚴。因此，為了滿足自己的虛榮心，就強迫子女去學鋼琴、跳舞、音樂、美術等，而完全沒有顧到子女的興趣；或者孩子對當醫生、律師並不感興趣，可是父母卻強迫他去考醫專、法學。若是以這種權威性的手段去逼迫孩子學習他們不願學或不感興趣的東西，無形中將會增加子女的心理壓力，影響心智的成長，且失去身心的平衡發展。

父母想讓子女多學習一些東西，攻讀有出息的科系，本是一件非常好的事情，可是站在人性尊嚴的立場，父母還是應該尊重兒女的選擇和興趣，同時也應當鼓勵子女往他興趣的方向發展，這樣方能獲得好的成果。假如僅是一味的壓迫孩子去學習他們不願學的東西，這就分不清父母對子女的義務與權力了。父母本來就有教養子女的義務，可是必須是站在自由接受教育的原則下。如果父母是真的慈愛子女，就應當站在子女的立場來替子女著想、幫助他、鼓勵他、輔導他，而不是只爲了滿足自己的虛榮心，而驅使孩子去學習。因此，把父母對子女的義務與權力的界線劃分清楚是很重要的，亦是建立一個美滿家庭的主要因素，故不可忽略之。

在原始佛教聖典中則有記載，身爲父母者應當把子女當作社會的份子看待，對待子女應如對待一般人一樣，亦有其所應盡的義務。《長部三一經》說：

「行布施與愛語，

對世上的任何人亦行利行，

在諸法中成為同事。
於此世任何處所亦要如此應供，
這些攝持恰如車輪的轄。
假如沒有這些攝持，
母親不會被子女尊敬、奉養，
父亦不會被孩子尊敬、奉養。
諸賢者遍處觀察這些攝持之原故，
因此他們成為偉大，且博得稱讚。」⑮

《雜阿含六六九經》說：

「布施及愛語，或有行利者，同事諸行生，各隨其所應，
以此攝世間，猶車因釭運。世無四攝事，母恩子忘養，
亦無父等尊，謙下之奉事，以有四攝事，隨順之法故，
是故有大士，德被於世間。」⑯

上述引文所指的四種德目，在佛教稱爲四攝事。「攝」含有攝受、領導的意

思。此四種德目是一個人在社會上活動時所不可欠缺的，亦是領導者所不可缺少的四種處世方法。假使能將之學好、做好，且落實於日常生活中，不但能夠感化他人，亦能夠領導群眾。以四攝法作爲一般社會群眾所應遵循的德目，雖然有點意味著社會生活的合理化，可是若能嘗試依其教義去實踐的話，即可產生很大的效用；同時亦能維護和推動整個社會的運作。關於在原始佛教聖典中，指示爲人父母者應當以四攝法的方式來對待其子一事，這是很值得注意和重視的。然而，在一般父權的家族制度裡，父親的權力最大；孩子也時常被視爲私有物或絕對的服從者，可是原始佛教却反對這種作法，其認爲應當把孩子視爲社會人士來相處。從這當中亦可看出佛教所施行的民主制度，不只在僧團如此，就是對社會團體亦是如此。

可是這種思想在某個點上與儒家的孝道思想却有所矛盾。因此，在後漢所譯的《六方禮經》和西晉所譯的《善生子經》就沒有將這個部分譯出。但是在《長阿含一六經》⑰和《中阿含一三五經》⑱則有譯出，這恐怕是跟佛教教義普及化有關，才有依原文譯出的可能性。

佛教爲了要在中國社會推廣，與中國社會的傳統孝道相結合是有必要的。雖然巴利聖典之《相應部》和漢譯本的《雜阿含經》，主要是論說出世間的道德，但是與這兩部經相對的漢譯《本事經》[99]却只論述世間的道德而已。它特別詳細地說明親對子的關係；相反的，子對親並沒有提到。可是子對親應盡的義務，在巴利聖典中所說並無多大變化。對於佛典中所提及，使雙親歸信佛教，修習佛法才算大孝、真正報親恩之說法，是值得我們注意的。

綜上所述，即可得知，在上古時代的印度社會，已有強調子女對父母的義務。雖然原始佛教聖典是以出家修行者爲中心，但是對於世俗的倫理，還是給與認同。同時，在世俗性的家族倫理上，仍舊承繼古印度家族倫理的觀念，乃至到了阿育王時代，仍然可以從「阿育王法勅」中發現多處提到子女對父母的義務。例如：「服從父母是美德（sābhu mātari ca pitari ca susūsā）」[100]、「對父母的正確行爲是服從（samyapatipatī māiari piatri sādhu susūsā）」[101]、「服從父母（māta pitri susushā）」[102]、「聽從父母（mātapitisu sususāyā）」[103]等。這些格言可說是承繼《奧義書》所說：「敬母如神，敬父如神（mātr devo bhava pirt devo bhava）」(104)的思想。

爲人子女，對父母行孝，本是天經地義，所謂「夫孝，天之經也，地之義也，民之行也。」父母的恩德，真是所謂「恩重如山邱，五鼎三牲未足酬」。故說：「在家者，孝事父母，在於膝下，莫以報生長與之等，以生育恩深故言大也。」(105)這是因爲母有懷胎生育之苦，父有撫養教育之勞。自從我們呱呱墜地，直至長大成人，不知花費父母多少心血。至少我們這個身體，是來自父母的遺傳。《增壹阿含經》卷二說：

「髮、毛、爪、齒、皮、肉、筋、骨、膽、肝、肺、心、脾、腎、大腸、小腸、白脏、膀胱、屎、百葉、滄蕩、脾泡、溺、淚、唾、涕、膿、血、肪、脂、涎、髑、髏、腦，何者是身為？地種是也，水種是也，火種是耶，風種是也，為父種母種所造耶。」(106)

同時釋尊亦明示出何謂完善的父母和指出作爲子女的應以世俗的物質及精神的資糧來奉養父母。就出家眾而言，在某些情況下也應當奉養雙親。在《律藏》中記載，若父母生病無人奉養，雖已出家，亦應將所乞到的食物分一半給父母。

《目連問戒律中五百輕重事》說：「〔父母〕若病無人供養，得與乞食與半。」[107]於律藏中釋尊還告訴諸比丘，父母之恩甚深，並非以世間珍寶所能報盡，縱使是出家亦應盡心盡力去供養父母。如《五分律》卷二十一說：

「時，畢陵伽婆蹉父母貧窮，欲以衣供養而不敢，以是白佛。佛以是集比丘僧，告諸比丘：『若人百年之中，右肩擔父，左肩擔母，於上大小便利，極世珍奇衣食供養，猶不能報須臾之恩。』從今聽諸比丘盡心盡壽供養父母，若不供養得重罪。」[108]

在律藏中還有記載，當父母及家人生病需要他人照顧時，釋尊也允許出家比丘回家照顧他們，如《入雨安居犍度》說：

「爾時，有一比丘之母生病。彼女遣使者至子處言：『我病！我子！回來！欲子回來。』時，彼比丘心生思念：『世尊規定七種人行事七日，受請者許往，未受請者不然。規定五種人行事七日，未受請亦許往，何況受請耶？我母生病，但非優婆夷，我應如何為之耶？』彼以此事白世尊，〔世尊曰：〕諸比丘！于七種人若行事七日，未受請亦許往，何況受請？〔七種人者：」比丘、比丘尼、式叉摩那、沙彌、沙彌尼、母、父也。諸比丘！如此七種人若行事七日，未受請亦許往，何況受請耶？七日應返。……」⑽⑼釋尊也常常讚揚那些奉養雙親的比丘，如《難提鹿王本生故事（Nandiyamiga-jātaka）》記載：

「佛在祇園精舍時，聽到某個比丘撫養母親。佛問彼：『比丘！聽說汝撫養家族，真實有這回事嗎？』（比丘）說：『世尊！是真實的。』佛繼續問：『那家族是誰呢？』彼白：『世尊！是我的父母。』佛說：『善哉！善哉！比丘！古賢者也有撫養其家族。古賢者生為畜生，為了父母而犧牲身命。』」⑽⑽

報父母恩不只是世人所重視的，就是佛教也是竭力主張酬報父母深恩。佛教不僅沒有忽視世間的孝道，反而更重視孝道。唯佛法所重與世俗所重不同，佛法重在精神的安樂和三世父母（但以現世父母爲重），而世俗只重在現世的孝和物質奉養。故釋尊經常強調父母養育之恩，並非以右肩擔父，左肩挑母；於背中漏溲不淨，絕無怨言，甚至以世間珍品，百年奉養，所能報盡！唯有使父母離惡向善，轉迷爲悟，深信三寶，勤修戒、定、慧，乃至超脫生死流轉，方可說爲報親恩。如《根本說一切有部毘奈耶》卷四說：

「父母於子有大勞苦，護持長養資以乳哺。贍部洲中為教導者。假使其子一肩持母，一肩持父，經於百年不生疲倦，或滿此大地末尼、真珠、琉璃、珂貝、珊瑚、瑪瑙、金、銀、璧玉、牟薩羅寶、赤珠、右旋。如是諸寶咸持供養令得富樂，或居尊位。雖作此事亦未能報父母之恩。若其父母無信心者，令住正信；若無戒者，令住禁戒；若性慳者，令行惠施；無智慧者，令起智慧。子能如是於父母處，善巧勸喻，令安住者，方曰報恩。」⑪

此以佛陀現身說法爲一例證，世尊於成道後不久，特回祖國爲父王說法，以報父王生身養育之恩，後又上忉利天爲母親說法，以報生母的恩惠，即是一個很好的報恩寫照。

其實，每一個有情眾生，無始以來因緣複雜；有者因過去恩愛關係而結爲母子，有者因過去仇恨關係而結爲母子。因此，有者因個性、習氣、興趣與父母同而相親，或與父母異而疏遠。就因爲種種因緣的不同，所以有些人，能夠盡孝，愛他的父母，但是對於一般人，就不怎樣有同情心。有者則不同，他在家裡對父母兄弟，也許不怎樣孝悌，但對朋友卻非常真誠、篤愛、熱心，甚至可以爲朋友出生入死。所以我們不能因爲他違反親疏次序而否定其倫理價值。以佛法而言，人類最基本的德性——良知、良心、慈悲心，人人皆有。只不過有者僅能在家庭，或某個階層發揮出來，以外就隱而不顯。其實，道德心是隨機緣而引發，並沒有一定的次第，倘若一定要先親親而後仁民，這不但不符合緣起，反而是障人爲善。在原理上，雖然如此論述，但是爲人子女者，千萬不可因之而忘卻父母乳哺養育之恩惠；若能做到平等普愛一切眾生是最好不過的了。

註釋

①大 1. p.71c8 ~ 16.

②大 1. p.251b1 ~ 7.

③A. i. p.132.; A. ii. p.70.; Itiv. 106.

④大 2. p.404a7 ~ 26.

⑤胎教乃是孕婦在語默動靜，心思意念上對胎兒身心成長的一種影響；甚至可以說是一切教育的起點，故不可忽視之。胎教並非只是聽聽音樂、欣賞詩畫，閱讀名言古書而已，更重要的是孕婦應當摒除一切不穩定的情緒和不善的意念，而保持心情安穩、平靜、開朗，並且做些輕便的事宜。胎教不僅有益胎兒，更重要的是藉此胎教的教育，來激起父母和未出生孩子的一體感和對孩子的責任感。若是懷孕期間，心情不穩，緊張、易怒等，將會影響到胎兒的身心發育。因此為了使胎兒在身心上有健全的發展和往後的良好性格（因胎兒長大後的人格一部份是形成於胎兒的階段），故孕婦應當儘量使自己的生活正常而有規律；保持心情平靜，不易憤怒、不情緒化，且常生善念。這樣不僅可以消除孕婦精神上的緊張、過敏，也會因此對未來美好的希望而有歡喜期待的心情。（參見

劉修吉編著《家庭教育》（台北：青峰出版社，民國77年）pp.139～140.

⑥參見 J. v. pp.330～331.

⑦參見 J. vi. p.376.

⑧J. vi. p.377.

⑨S. i. p.37.；相當《雜阿含 1000 經》大 2. p.262b8～16.

⑩大 23. p.724a7～10.；大 23. p.631c6～8.；大 23. p.1048c21～23.

⑪M. i. pp.265～266.

⑫大 2. pp.602c7～603a12.

⑬大 2. p.863a25～26.

⑭M. i. p.266.

⑮大 1. p.769b23～28.

⑯大 2. p.187b8～21.；相當大 23. pp.691c16～692a5.；大 23. p.1023b13～28.

⑰大 23. pp.691c16～692a5.

⑱大 22. p.279c3～13.

⑲大 23. p.178b14～24.
⑳大 1. p.5c24～29.
㉑大 1. p.153c17～23.
㉒大 14. p.782b6～12.
㉓大 14. p.782c13～16.
㉔大 14. p.783a3～5.
㉕大 2. p.623b19～24.
㉖大 1. p.772a5～9.
㉗大 2. p.869b29～c10.
㉘大 2. p.823a7～17.
㉙大 2. p.601a1～8.
㉚大 2. p.823a11～12.
㉛大 2. p.863b1～5.
㉜大 22. p.140c16～18.

㉝大 2. p.601a11～19.

㉞參見 J. v. p.330.

㉟參見 J. v. p.331.

㊱大 2. pp.24c23～25a1.

㊲參見 S. i. pp.181～182.

㊳大 2. p.22b21～29.

㊴ a. iii. pp.43～44.

㊵大 24. p.1047a29～b2.

㊶ A. i. pp.61～62；大 23. p.642b4～13.；大 23. p.658c14～23.；大 2. p.601a11～19.

㊷大 2. p.863a24～c8.

㊸大 2. p.552b21～22.

㊹大 2. p.29a10～11.；大 2. pp.467c29～468a1.

㊺ *Sn.* 124.

㊻ *Sn.* 98.

㊼大 2. p.26b19～13.、S. i. p.176.

㊽ S. i. p.177.

㊾ Tait. Up. i. 11, 2.

㊿ *Sn.* 262.

㈤ *Sn.* 404.

㊾ sukhā matteyyatā loke, atho patteyyatā sukhā. (*Dhp* 332.)

㊿ S. i. p.6.

㊹ S. i. p.182.

㊺ A. i. p.132、A. ii.. p.70.、Itiv. 106.

㊻ D. iii. p.189.

㊼ Ahaṃ mātā–pitūhi thaññaṃ pāyetvā hatthā–pāde vaḍḍhetvā mukhena siṅghāni kaṃ apanetvā nahāpetvā maṇḍetvā bharito jaggito, sv' âhaṃ ajja te mahallke pāda–dhovana–nahāpana–yāgu–bhatta–dāń ādihi bharissāmi. (*Sv.* iii. p.952.)

㊽ Ahaṃ attano kammaṃ ṭhapetvā mātā–pitunnaṃ rāja–kul' ādisu uppannaṃ kiccaṃ gantvā karissāmi. (*Sv.* iii. p.952.)

59 Mātā−pitunnaṃ santakaṃ khetta−vatthūhi rañña−suvaṇṇ’ ādim avināsetvā rakkhan−to pi kula−vaṃsam ṭhapeti nāma. Mātā−pitaro adhammika−vaṃsato hāretvā dham−mika vaṃse ṭhapento kula−vaṃsana āgatāni salāka−bhatt’ ādini anupacchinditvā pavattento pi kula−vaṃsaṃ ṭhapeti nāma. Idaṃ sandhāya vuttaṃ kula−vaṃsaṃ ṭhapessāmi ti. (*Sv.* iii. pp.952〜953.)

60 Mātā−pitaro attano ovāde avattamāne’ micchā−paṭipanne dārake vinicchayaṃ patvā aputta−kaṃ karonti. Te dāyajjâraha na honti. Ovāde vattamāna pana kula−santaka−s−sa sāmike karonti: Ahaṃ evaṃ vattissāmi ti, adhippāyena dāyajjaṃ patipajjāmi ti vut−taṃ. (*Sv.* iii. p.953.)

61 大 2. p.337b25〜27.‥相當 S. i. p.89.‥ S. i. p.91.

62 大 2. p.612c2〜8.

63 參見大 23. p.908b10〜24.

64 大 23. p.906b25〜26.

⑥⑤《包達耶那法典》（2.2，4，6）摘自木村泰賢著〈印度哲學宗教史〉p.317.

⑥⑥《包達耶那法典》（15，46）摘自木村泰賢著〈印度哲學宗教史〉p.328.

⑥⑦ A. ii. p.249.

⑥⑧ tesam patti–dānaṃ katvā tatiya–dis' ādito paṭṭhāya dānaṃ anupadassāmi. (*Sv.* iii. p.953.)

⑥⑨參見《摩奴法典》iv.137～140.

⑦⓪參見同上 iii.167.

⑦①大 2. p.24a21～24.，相當 S. i. p.178.

⑦②大 2. p.768c24～28.

⑦③參見 A. ii. pp.4～5.

⑦④ S. i. p.228.

⑦⑤ A. i.. p.151.

⑦⑥ Chānd. Up. iii. 17，4.

⑦⑦大 24. p.1047b2～4.

⑱大 1. p.641a4 ～ 8.

⑲顏之推著《顏氏家訓》〈治家篇〉p.7.

⑳顏延之著〈庭誥〉，收於〈玉函山房輯佚〉卷62〈經編小學類〉p.67.

㉑ D. iii. P.189.

㉒ pāṇâtipāi′ ādinaṃ diṭṭha–dhammikaṃ samparayikaṃ ādinavaṃ vatvā: Tata evarūpaṃ mā kari ti, nivārenti, katam pi garahanti. (*Sv.* iii. p.953.)

㉓ Anāthapiṇḍiko viya laddhañ ca datvā pi sila–samādāñ ābisu nivesenti. (*Sv..* iii. p.953.)

㉔大 1. p.71c14 ～ 15.

㉕大 1. p.251b5 ～ 6.

㉖ attano ovāde ṭhitabhāvaṃ ñatvā vaṃs’ āgata–muddā–ganan’ ādi–sippaṃ sikkhāpenti. (*Sv.* iii. p.953.)

㉗ kula–sila–rūp’ ādihi anurūpena (*Sv.* iii. p.953.)

㉘大 1. p.641a7.

㉙《摩奴法典》(3.17.)

⑨⓪大 2. p.660a14 ～ 27.

⑨①same dhanaṃ denti. Tattha nicca–samayo kāla–samayo ti dve samayā. Nicca–samaye denti nāma: Uṭṭhāya samuṭṭhāya imaṃ gaṇha, ayaṃ te paribbhayo hotu, imināku–salaṃ kaṛohi ti, denti. Kāla – samaye denti nāma sikhā – ṭhapana – āvāha–vivāh'ādisam–aye denti. Api ca pacchima–kāle maraṇa–mañce nipannassa: Iminā kusalaṃ karohi ti, dentā pi samaye denti nāma. (*Sv.* iii. p.953.)

⑨②印順法師著《成佛之道》p.1.

⑨③大 23. p.631c14 ～ 23.

⑨④大 22. p.808a3 ～ 22.；Vin. iii. pp.77 ～ 78.

⑨⑤D. iii. p.192.；A. ii. p.32.

⑨⑥大 2. p.185a21 ～ 27.

⑨⑦惠施及軟言，利人多所益，同利等彼己，所有與人共。
此四多負荷，任重如車輪。世間無此四，則無有孝養。
此四在世間，智者所撰擇，行則獲大果，名稱遠流布。（大 1. p.72b5 ～ 10.）

⑱惠施及愛言，常為他行利，眾生等同利，名稱普遠至。
此則攝持世，猶如御車人。若無攝持者，母不因其子，
得供養恭敬，父因子亦然，若有此法攝，故得大福祐。（大 1. p.641c16 ～ 22.）

⑲大 No.765.

⑳石刻法敕，Girnar. Vol. iii.（摘自 H. Saddhatissa 著《佛教倫理學》中譯本 p.155.）

(101)石刻法敕，Girnar. Vol. xi.（同上）

(102)石刻法敕，Girnar. Vol. xiii.（同上）

(103)圓柱法敕，Vol. vii.（同上）

(104)《TaittiriyopanaṢa》Vol. i.p.2.（同上）

(105)大 24. pp.902c29 ～ 903a1.

(106)大 2. p.556c1 ～ 5.

(107)大 24. p.978a22 ～ 23.

(108)大 22. p.140c14 ～ 20.

(109)Vin. iii. p.147f.

⑩ J. iii. p.270.

⑪ 大 23. p.642b4 ~ 13.；相當《毘奈耶》卷七（大 23. p.658c14 ~ 23.）

第四章　夫婦關係與倫常

夫婦關係的產生，乃是由一對男女在婚姻上的締結，所謂「男大當婚，女大當嫁。」一般人而言，結婚乃是一生中的大事，所謂「洞房花燭夜，金榜題名時。」其可說是人生理想生活的寄託，亦是生命過程中的一個新開端。婚姻是建立家庭的基點，而家庭又是社會的基本單位。如人類學家羅威（Lowic）所說：

「家庭是以婚姻為根據的社會單位。」①

在《易序封傳》中又有：

「有男女然後有夫婦，有夫婦然後有父子。」

此即是說明先有婚姻，然後才有家庭，進而方有家族；家族即是家庭組織的擴大，且由許多家庭的結合方成爲社會。由此觀之，夫婦可說是社會、國家的基礎。社會的安寧、和諧皆有賴於家庭的和樂，而完美的家庭生活亦是建立在雙方的德行，例如：信仰、思想、性格、見解等一致的基石上。

然而，印度社會的婚姻制度，是確立於吠陀時期。當時的婚姻締結被視為族民對「社會」與「宗教」所應盡的義務②。換言之，婚姻擁有著世俗的目的，同時亦意味著一期神聖宗教生命的開始。從世俗的意義來說，婚姻的締結除了滿足雙方在生理、心理的需求外，尚有經濟、生育、養育、教育，以及文化保存、傳遞的功能。依宗教的意義來說，婚禮在一對新人藉著宗教儀式，點燃祭火，結合之後，他們必須履行一定的規定，終生一起供奉諸神和祖靈，並且必須生下子嗣，使種族繁衍不朽；如此對於諸神和祖靈的祭供，方能永遠相續下去。

至於，在當時婆羅門所制定的「人生四期」來說，少年時代的學生時期（Brahmacārin 梵行期）是就師學習吠陀的金科玉律，涵養德性，精研技藝，嚴守戒律。到達一定的年齡則學成還鄉，成家立業，齊家治國，服務社會，履行各人的義務，成為一家之主，主持家務，祭祀諸神，祀奉祖先，此一時期屬於壯年時代的在家生活（Gṛhastha 家住期）。這二期的生活可說是為了完成世俗的義務。這種娶妻生子，繼承家業，追薦祖先的觀念，亦出現在《教授尸迦羅越經》，如其經文所述：

「長者子！東方的父母當以五事由其子來敬奉：一者奉養雙親；二者為他們（父母）做應作的事；三者相續家系；四者繼承財產；五者為祖先奉上供物。……反之，父母當以五事慈愛其子：一者使其離惡；二者使其入善；三者使其學習技能；四者令與適當的妻子結婚；五者適當之時給與遺產。」③

從上述的論述中，我們可以發現婚姻在印度社會帶有繁衍種族、傳宗接代、延續香火，祠祀祖先的意義。釋尊雖然反對祭祀萬能，但是對於祖先的追思並沒有反對。因爲如果沒有祖先，哪有今日的你我，故對於祖先的追思和感激祖先恩澤的心思，是人人應當存有的。

綜上所述，我們可以發現印度社會的婚姻含有很濃厚的宗教意義，而且將婚姻視爲履行宗教儀式的一部分，同時亦是完成宗教使命的一種義務。可是中華民族卻不盡相同，完全不把婚姻加上任何宗教色彩，雖然合二姓之好，都召告宗廟；這僅是爲了表明「爲宗族娶婦」或爲「祖宗嫁其後裔」，亦是承宗法的一種表現；其特重於人倫關係。二者在意義上雖有不同，但在本質上却是一樣——繁衍種姓，相續香火。

第一節　夫婦間的倫理

夫婦相處之道，理想上是應當相敬如賓，並且應以「恕道」為主。因為只有以「互信互諒」的觀念，處理夫婦關係，方能使夫婦感情更加融洽，關係更為鞏固。因此「相敬如賓」是建立在恕道觀念的基礎上。夫妻日常生活，也應以禮相待；並且扮演著互補的角色。彼此之間是相輔相成的，是處於一種平等的夥伴關係，時時表現出溫柔、體貼、慷慨、敬愛和奉獻。但是自從由母系社會轉向父系社會後，以男人為中心的社會組織，已存有男尊女卑的觀念，因此夫婦之間的關係並不平等④。故古德將夫婦一詞解釋為「夫者扶也，以道扶接也；婦者服也，以禮屈服。」婦人既從屬於夫，則事夫要周到恭謹。婦人除了要敬夫從夫，還要與夫共盡子媳之孝，料理家中大小瑣事，並協助丈夫管教子女。家庭的和諧與旺與否，常與主婦有很大的關係。

其實，夫婦之間的關係最為親密；為妻者固然應敬夫從夫，但為夫者也應敬愛、尊重、體諒妻子。尤其是在家庭事務方面，妻子付出最多，也最辛苦；這點是每個人所肯定的。在家庭中妻子可說富有極大的影響力，她不僅影響子女，甚至影響丈夫，有些男人從來不承認這點，因爲在他們的意識中，他們是個大男人、孝子和威嚴的丈夫，因此，他們不能聽從妻子的話。反之，雖然家庭事務是由妻子負責處理，但是她不會因此而瞧不起丈夫，也不會不承認丈夫是一家之主。由此可見「男主女從」的觀念已深植人心，成爲不變的事實。

夫婦之間的關係所以能夠永續是基於以下三點：

一、慈愛子女——子女是父母的愛情結晶，是每個夫婦所希求的。孩子的誕生不但帶給家庭更多的希望、歡樂、朝氣，更能鞏固夫婦間的愛情與婚姻，故夫婦間應當以子女之心爲心（站在爲孩子著想的立場）；

二、人無不愛其父母，故爲人子者應以父母之心爲心。

三、夫婦關係固然亦基於性的本能，但夫婦之愛情，不能僅基於此；它可進一步地將這種男女相愛的心理轉化成純粹精神性的關係，如照顧、體貼、了解、互助、同情，以及感恩意識等。這種道義關係的意識，亦可增進夫婦間的感情，同時不易發生隨意分離狀況。

原始佛教對於夫婦之間的倫理又如何述說呢？這是一個很值得探討的問題。今世所以會締結爲夫婦，可說是一種緣份（宿因與現緣），所謂「有緣千里來相會，無緣對面不相識」。夫婦是終身伴侶，其親密關係恰如身與影子，故在日常生活中應當以禮相待，相敬如賓。原始佛教聖典中有提到妻是最親密的伴侶和親友，如《雜阿含一〇〇五經》說：

「天子問世尊：『何等人之物？何名第一伴？以何而活命？眾生何處依？』世尊答曰：『田宅眾生有，賢妻第一伴；飲食已存命，業為眾生依。』」⑤

《別譯雜阿含二三一經》說：

「天人問世尊：『云何義利勝，誰為最親友？眾生依何等，而得自濟活？……』

世尊答曰：『種田為義利；妻為最親友；眾生依熱苗，而得自濟活。……』」⑥

《相應部》說：

「天神問釋尊：『誰是人們的所依？在世誰是最好的朋友？……』

釋尊答曰：『孩子是人們的所依，妻子是最好的朋友。……』」⑦

在《梵書》中也有提及：

「妻是友」⑧。

又，在〈敘事詩〉中也說：

「妻是自己的身體」⑨。

關於這種說法，無論在任何時代皆被肯定；即使是當時的印度民族也不例外。

在《增支部》舉出有四種夫婦的匹配：

一、卑男（chava）與卑女（chavāya）共住；

二、卑男與善女（deviyā 女神）的共住；

三、善男（deva 神）與卑女的共住；

四、善男與善女的共住。

所謂卑男、卑女是指那些造作殺、盜、淫、妄、酒、惡性、慳吝，以及惡罵、誹謗沙門、婆羅門的夫婦。反之，善男、善女是指守持五戒，不惡性，不慳吝、不惡罵、不誹謗沙門、婆羅門的夫婦[10]。然而，對於第四類的夫婦，釋尊則以如下的偈頌加以讚歎：

「若夫婦兩人，互相信任、寬容和自制；
如法生活，互相愛語，
他們的幸福會增加，安樂會生起。
如果兩者守戒律的話，怨敵不安意；
在這世間兩人共同守戒、實踐法的話，
於歡喜天受諸欲樂之喜悅。」[11]

以上所述的第四類型的夫妻匹配，可說是當時社會男女所希求的理想配偶。在他們的理想中，彼此間能夠守持五戒，婚姻才能鞏固、有所保障；並且過著幸福、美滿的婚姻生活。在此同時，這段經文亦啟示了世上的夫婦，要同心協力，同甘共苦；生活愈是困苦時刻，愈應該共同努力渡過困境。唯有從困苦中奮鬥出來的夫妻，才能感受到愛情的可貴和珍惜這段寶貴的夫妻緣份。在當時的印度社會習俗，還如此地規定夫妻兩者，對於一般宗教家應表示敬意和恭敬、供養，來完成對宗教應盡的義務。這點可說是印度民族的一大特色。總言之，當時社會的理想夫妻生活是基於宗教信仰上，且依著一般的社會道德和宗教教義，過著清淨、平淡的家庭生活。

在婚姻生活裡，夫妻兩人在性格上必須要有全面性的相投。爲使婚姻生活和諧、夫妻感情融洽，夫妻間必須絕對的誠實，互相信賴及保持溝通。如《大隧道本生故事》所說：

「假如妻子守持貞節，不屈服於他人之威力；順從丈夫所欲去作，成為可意之妻，〔丈夫〕應將責備的事，褒揚的事，秘密的事要跟妻子說明。」⑫

其實夫妻間的溝通，在婚姻生活上扮演著一個非常重要的角色。夫婦間之所以會產生感情不和睦、婚姻不美滿，往往其緣由處在缺乏溝通。因此夫妻應當保持溝通，唯有透過溝通的橋樑，方能達到思想的統一和增進彼此間的感情。《經集》中記載一位牧牛者吐露他的婚姻心聲，他說：

「我的妻子是忠實的、不邪淫的；〔與我〕共住了很久，〔她的表現〕適合我意；對於她沒有任何惡聞。」⑬

又說：

「我是依所得的工資而生活的，〔我的〕孩子們是平安、息災的與我共住；對於他們沒有任何惡聞。」⑭

在夫婦關係中，最受人注意的莫過於貞節問題。對此原始佛教又如何看待呢？假如以出世間或修解脫道的立場來說，佛教是倡導全面性的禁止男女性慾關係；並且認爲全面性的禁欲帶有更高理想的意義。但是無可否認的，性欲乃是一切動物的本能，亦是生理、心理的一種自然反應。動物的生殖欲是爲了繁衍後代，可是人類生殖欲的衝動，卻未必完全是爲了達到生殖的目的，而是爲了生理上的一種希求。因此，男女在健全發育之後，要求生殖欲的滿足，乃是一種自然的趨勢。所以自古以來，人類就有男女的結合，而且子嗣代代相傳。是故，對於正常的男女共同生活方式，是不必苛責的，亦不必責之爲罪惡。但是對於出世法或是修持解脫道來說，男女的婚姻生活是一種障礙，淫慾更是一種障道法。對一般夫妻而言，正淫並不是罪惡，罪惡的產生，往往是因不正常的男女關係而來。

在世俗生活中，不可能要求每個人都過著梵行生活，因此原始佛教對於那些無法過著梵行生活的在家信眾，沒有嚴格規定不淫，僅是將不淫改爲不邪淫。如《經集》說：

「智者應該回避非梵行（淫），猶如回避燃燒的炭火。如果不能修梵行（不淫），至少不應該侵犯他人之妻。」⑮

但是在修持一日一夜的八關齋戒時，卻須嚴守不淫。因此爲這些人展開了世俗性正常的性倫理。

人類結合最根源的形態是男女的結合。故在這個前提下，婚姻生活的男女性行爲是被認可的；反之，婚姻生活以外的男女關係是被否定的。《經集》說：

「不滿足（asantuṭṭha）自己的妻子，而非禮（padussati）遊女，非禮他人之妻者，這是敗亡者之門。」⑯

又說：

「依暴力或相愛，而非禮親族、友人等之妻者，要知道彼是賤民。」⑰

同時也叱責那些爲了滿足肉體的慾望而放縱行爲（邪淫）的男女。《雜阿含一二七九經》說：

「女人不自守，捨主隨他行；男子心放蕩，捨妻隨外色；如是為家者，斯皆墮負門。」⑱

除此之外，對於老年得少夫或得少婦者，亦是被非議的，《雜阿含一二七九經》說：

「老婦得少夫，心常懷嫉妒，懷嫉臥不安，是則墮負門。老夫得少婦，墮負處亦然。」⑲

在婆羅門教中，不同種姓的男女接觸是被嚴禁的，如《摩奴法典》載：

「如果青年女子愛上比她種姓高的男子，國王應該使她繳付哪怕是最小的罰金；但如她熱戀於一個種姓較低的男子，應被幽閉家中，嚴加看管。」⑳

在《摩奴法典》中亦記載，關於男女姦淫依不同的種姓而有不同的懲罰，譬如：

「婆羅門之妻與低階級的男性通姦時，女人在公共場所被犬吃，男人是用火刑來處罰的」；「吠舍和被監護的婆羅門種姓婦女通奸，拘捕一年後剝奪其一切財產；刹帝利處罰金一千鉢那，並被剃頭，澆以驢尿」；「婆羅

門強奸被監護的婆羅門婦女，處罰金一千鉢那；如為和奸，就僅處五百。」㉑

在婆羅門教法典中，所規定的種種男女私通之懲罰，主要是爲了避免擾亂階級制度。如《摩奴法典》所說：

「因為由於通奸而在世間產生種姓混合，由於種姓混合而產生破壞義務、毀滅人類、惹起萬物的滅亡。」㉒

但是佛教並沒有階級制度的規定，對於這類事情的發生，則將它算是犯上五戒之一的不邪淫。佛教的這種規定，不僅是爲了要實行正當的性行爲道德，亦是爲了要維護個人的基本道德、家庭的和樂及社會的秩序。因爲不正常的男女關係，不僅會破壞家庭的和睦與安寧，甚至鬧婚變或演出悲劇的結局，進而造成社會的不安，人心的墮落。故爲了家庭的幸福，婚姻的美滿，夫婦間應當嚴守不邪淫戒，否則彼此皆有可能成爲悲劇的主角。

第二節　夫對婦應盡的義務

在夫婦的生活倫理中，彼此之間存有各種不同的義務，如夫對妻，妻對夫的義務。其如《優婆塞戒經》卷三所說：

「若有人能供給妻子，衣服、飲食、臥具、湯藥、瓔珞、服飾嚴身之具，是人則是供養西方。妻子復以十四事報之：一者所作盡心營之；二者常作終不懈慢；三者所作必令終竟；四者疾作不令失時；五者常為瞻視賓客；六者淨其房舍臥具；七者愛敬言則柔軟；八者僮使軟言教詔；九者善能守護財物；十者晨起夜寐；十一者能設淨食；十二者能忍教誨；十三者能覆惡事；十四者能瞻病苦。」㉓

在這種雙向的義務中，原始佛教聖典中曾提到，爲夫者對於妻子，應當憐愍愛念，不得虐待；以禮相待，相敬如賓，不得輕慢；對於莊嚴身相之具應當供給，並且委付家權，讓她自由支配家務。此外，亦應當相親相愛，互相信任、體諒，無有他情。如《教授尸迦羅越經》所說：

「夫當以五事來敬愛其妻：一、對妻存尊敬；二、不輕視；三、不外遇；四、委以權威；五供給裝飾品。」㉔

對於《教授尸迦羅越經》所提示的夫應以五事敬愛其妻一事，佛音論師在《教授尸迦羅越經註釋》中有如下的解釋：

一、「尊敬（sammāna-nāya）」——依佛音論師的解釋是：

「如崇敬諸神、尊崇諸方一樣，以說如此的話尊重她。」㉕

敬妻如同敬神的這種說法，在當時的社會可說是一種極爲開明的想法。因爲在當時的社會狀況，婦女的地位頗爲低落，且被視爲一切不吉祥的根源。所謂：「女子為不信」㉖「女子為污濁」㉗、「可合祀於污濁之神者有三：骰子、女子、睡眠是也」㉘等擯斥婦女之語。那時的婦女是不允許集會參與活動，亦沒有政治參與權，更沒有繼承產業的權力；而且一生皆附屬於男姓，不得獨立，且有「在家從父，出嫁從夫，年老從子」或「幼時處在父監護下，青春期處在丈夫監護下，老年時處在兒子監護下」㉙的嚴格規定。然而，從《增壹阿含三八．一一經》㉚、《中阿含一一六經》㉛、《五分律》卷二九㉜等所提及的女人不能作佛、帝釋天王、魔天王、梵天王、轉輪聖王五事，已反映出女性在當時印度社會的地位與價值是何等的低。可是，從佛告諸比丘：「今母（大愛道）拔女人兇愚之穢，為丈夫行，獲應真道。還靈本無，淨過虛空，行高無蓋，何其健哉！」㉝這句話中，即可察知佛陀肯定女性道器的確證。至於，佛陀所說的女人有五事不能得作或有五礙，僅是立足於當時的社會背景㉞，以世俗之說來警策女眾，袪除我慢，從恭敬中成等正覺，並無蔑視女性之意。

二、「不輕視（avimānanāya）」——依佛音論師的解釋是：

「不以對奴僕、傭人等所說的話使她煩擾（viheṭhetvā），不對她說如是鄙視、輕蔑的話。」㉟

此中所謂不以對奴僕說話的態度、語氣跟妻子談話，是意味著如果用這種粗俗的語氣對待妻子，將會引起妻子困苦、煩惱。反之，應以溫柔的態度，以愛語、柔軟語、親切語與她交談，這樣方能與她溝通，亦能令她歡喜。這亦意味著，對妻子要有禮儀，要給與尊重。因爲假如沒有妻子在家裡整理家務、煮飯、洗衣、打掃、照顧兒女，作丈夫的勢必不能安心去做自己的事業，亦無法照顧家庭；故身爲丈夫者，理當感謝妻子爲家庭的付出和辛勞，那能去鄙視她呢？對於妻子的意見，不論對錯與否，皆當虛心聆聽，然後再與她討論。因爲尊重對方的意見，也表示尊重對方的尊嚴和人格，同時亦能引起對方愉悅的心情和增進彼此的溝通及感情。

三、「不外遇（anaticariyāya）」——依佛音論師的解釋是：

「他違背道德規範，在外與其他的婦女同行，名為外遇。」㊱

關於外遇一詞，近代的譯者將它譯爲「邪淫」，可是佛音論師將aticariyā解釋爲「外遇」，在意義上比「邪淫」來的更爲森嚴。在其他諸國，尤其在西方國家，男性與妻子之外的女性發生性的關係，可說是很普遍性的事。可是在當時的印度，乃至現在的印度，對於這一點還是嚴禁。對於男女關係放縱的人是受非議的。這當中包含了邪淫、變心、不忠於妻子。因此對於跟妻子以外的女性同行，也被認爲是一種不正常的行爲；同時身爲丈夫者，亦不可對其他的女性存有邪念。假使不抑制自己的慾念，放縱淫心，那將會造成邪淫的事實。性生活雖然是生理的一種需求，但是必須節制，不可放縱。

四、「給予權威（issariya-vossaggena）」——是意味著「主權」、「支配權」、「優越的地位」，但是在漢譯中則將它譯爲「自在」。譬如《中阿含一三五經》譯爲「於家中得自在」㊲。對於這「給與主權」一詞，佛音論師作如下的解釋：

「婦女們雖然獲得，如大蔓草（mahā-latāya）一樣的服裝（莎麗），但是如果不給與適當的食事（家務）的話，她們會生氣（kujjhanti）。因此，〔丈夫〕給予飯勺（kaṭacchuṃ）置於手中，且說：『你喜歡怎樣做就去做，把食事與家事的任務全權交給她負責。』如此地做名為給予主權。」㊳

大蔓草衣裳即是指印度婦女所穿的「莎麗」。其穿法猶如在身上纏著很大的蔓草一樣，故以其穿著的形式、樣態而得名。至於，將飯勺交給妻子，即意味著將一切的家務主權交給妻子，由她去全權治理。因此一旦委付家務主權，就不要加以干涉，好讓她自由發揮其特長和才能。若僅是一味的加以干預，那將會降低妻子料理家事的情緒，而且感到沒樂趣。故作丈夫者，對於家中大小事宜，僅須主持大體，而不必爲家中微細瑣事而插手處理。但是在閒暇之時，也應當協助太太，與她分擔一部分的責任，減輕她的負擔。

依據漢譯傳本「給予權威」是「委付家內」、「於家中得自在」或「家中所有多少，悉用付之」。丈夫在社會上服務，可說是在家庭以外的場所活動，倘若又要對家庭的事務一一專注，便會減少他在社會上活動的能力和時間。如果將家庭的一切事務，交予妻子去負責，夫就能專心致志地爲社會服務，且提高其服務效率。同時，對於家庭的費用須有相當的供給；家庭日常開支也應該給予信任和自由支配權，這樣做起事來方能得心應手。又，據當時的印度社會，「妻常畏懼丈夫」、「時常不能獲得自在」，因此身爲妻子的時常慨嘆，爲了使婦女自在、安心，所以佛教改變了當時社會的風氣和作風。

五、「供給裝飾（alankārânuppadānena）」——依佛音論師的註解是：

「按照自己的能力供給裝飾品。」㊴

供給裝飾品即是贈與她適宜的服裝和裝飾品。愛美的心理，人皆有之，亦是人的本性。但是對於身體的裝扮，不可過分華麗，競奇炫異，以免流於奢侈和失去裝扮的意義。給與妻子適當裝飾的做法，在原始佛教可說是對婦女表示一種溫暖的關懷。若從經濟的觀點來看，它並不一定是一種奢侈。因爲對一般婦女而言，金屬的裝飾品，可說是擁有一種銀行儲蓄的機能。當有錢時就增加裝飾品，沒錢時卻一點一點的拿來典當或變賣。因此，買裝飾品給她，如同增加銀行的存款一樣；這種情形不僅古代如此，現代也是相同。爲妻者，亦常喜歡丈夫贈送她心愛的東西。至於所贈與的東西並不一定要價值昂貴的，祇要是丈夫真心爲她而買的，她必定會感到無限的喜悅、感激、安慰；而且感受到丈夫對她的關懷和愛心。

除了在《教授尸迦羅越經》中，有論述到夫應以五事敬待妻子之外，在漢譯傳本《善生經》的各個經典亦有記載，其與巴利傳本的內容對照如下：

《善生經Ⅰ》	《善生經Ⅱ》	《六方禮經》	《善生子經》	《DN. 31.》
1.相待以禮	1.憐念妻子	1.出入當敬於婦	1.正心敬之	1. sammānanāya
2.威嚴不媟	5.念妻親親	5.不得於外邪畜傳御	3.不有他情	3. anaticariyāya

3.衣食隨時		2.飯食之，以時節與衣被	4.時與衣食	
4.莊嚴以時	3.爲作瓔珞嚴具	3.當給與金錢、珠璣	5.時與寶飾	5. alamkārânuppadānena
5.委付家內	4.於家中得自在	4.家中所有多少，悉用付之		4. issariya-vossaggena
	2.不輕慢			2. avimānanaya
			2.不恨其意	

從上表的內容看來，譯者似乎將其意思中國化。這可能是受到中國文化的影響，另方面是爲了呼應中華民族的倫理觀。關於「敬重」、「尊敬」妻子一事，與中國人的道德觀是不盡相同的。因此，在漢譯經典中將它譯爲「憐念妻子」，可是譯者卻巧妙地將它譯成「相待以禮」、「出入當敬於婦」、「正心敬之」，此可說與其原意一致。又，對於「不外遇（不邪淫）」的說法，在古代中國「一夫多妻制」或「一夫一妻多妾制」的社會是不被承認或認同的，所以譯者漠然地將它譯成「念妻親親」、「不得於外邪畜傳御」、「不有他情」，這可說沒有將其原意譯出。至於不邪淫乃是男女雙方所必須嚴守的，不然將會出現婚姻的破裂，家庭的不和。

夫婦關係在傳統上，雖然存有「夫尊妻卑」與「夫婦對等」的兩種不同觀念。可是一般而言，比較偏重於前者。這種觀念的偏重，在男權至上或男性社會是很自然的現象。但是在宗教上，夫婦是共承祭祀，故構成了「妻者齊也」的倫常；在生活上，兩者又是一體的，故有「夫妻泮合」，乃至到了後世有「同甘同苦，同富同貧，死同葬穴，生共衣衾」的說法。雖然這種觀念並不表示夫婦間完全平等，因為夫婦一體是以夫剛妻柔的形式出現，所以又有「夫唱婦隨」的說法。不過這種夫婦一體、對等的觀念，多少可以緩和男尊女卑的氣氛和衝突。並且從釋尊所提及的夫應以五事敬愛其妻，甚至如晏子所說的「夫和、妻柔、姑慈、婦聽」，即可知道不只單方面或一味地對妻提出要求，而是應該雙向的各盡其責，各守本份。另外，夫婦本是同林鳥，故在日常生活中，應當以禮相對待，互尊互重，互相體諒，相親相愛。

第三節　婦對夫應盡的義務

對一個女性而言，婚姻是一生的轉捩點。從這種轉化的過程中，成立了另一重新的倫常關係，所謂「別人堂前我上香，別人父母我喊娘。」在這種內外變化過程中，女性逐漸與父家的關係疏遠，甚至連回娘家都受限制。在生活經濟與責任上，可說完全以夫家爲重，而喪服關係上，夫家重於父家。同時亦扮演著母親、妻子、媳婦三種自古難爲的角色。然而，在當時的社會，一般認爲「若於娶妻中，童女爲最勝」㊵、「童英爲上妻」㊶，而在佛典中也有記載「娶妻中勝貞女是」㊷。在《增支部》中，釋尊指出世間凡爲人妻子者，不出以下七種典型：

一、殺夫妻——有惡心，不爲夫著想，心向其他之事，輕視夫；並且想用錢請人來殺夫。

二、盜賊妻——主人爲妻，努力工藝、商業、農業得來的財，僅想從夫中奪取。

三、支配妻——不好好作事、怠懈、暴食、粗惡、粗暴、惡口，及壓迫勤勉之夫。

四、母妻——時常念夫，如母護子一樣護夫，又守護丈夫所貯藏之財。

五、妹妻——譬如妹妹尊敬姐姐一樣地尊敬自己的丈夫，有慚愧心，且順從夫。

六、友妻——在這世間，對夫如看到好久未見面的朋友一樣的歡喜，且以高貴、貞淑、誠實的態度對夫。

七、婢妻——用杖打、威脅也不憤怒、生氣，對夫忍辱不生氣、順從夫。㊸

對於以上七種典型的妻子，在漢譯的《玉耶女經》、《玉耶經》、《阿遬達經》、《增壹阿含一二五（五一．九）經》亦有提到，其內容的對照如下：

	《玉耶女經Ⅰ》	《玉耶女經Ⅱ》	《玉耶經》	《阿遬達經》	《增壹阿含 125（51.9）經》	《A. VII. 59》
母婦	1.愛夫如子故	1.愛念夫主，如母愛子；晝夜長養，不失時宜；心常憐念，無有厭患，念夫如子。	1.愛念夫婿，猶若慈母，侍其晨夜，不離左右；供養盡心，不失時宜。夫若行來，恐人輕易；見則憐	1.婦見夫從外來，當如母見子；夫有急緩，常欲身代之。	1.隨時瞻視夫主，不令有乏，承事供養。	4. Yā sabbadā hoti hitānu-kampini mātā va piut taṃ anurakkhate patiṃ tato dhanaṃ sa mbhataṃ assa

			念，心不疲厭，憐夫如子。			rakkhati, yā evarūpā purisassa bhariyā mātā ca bhariyā ti ca sā pavuccati.
臣婦	2.事夫如君故					
妹婦	3.事夫如兄故	2.承事夫婿，盡其敬誠，如兄如弟，同氣分形，骨血至情，無有二情，尊之重之，如妹事兄。	2.承事夫婿，盡其敬誠。若如兄弟，同氣分形；骨肉至親，無有二情；尊奉敬之，如妹事兄。	2.婦事夫，當如弟見兄，上下相承事；夫惡不以爲惡。不念淫佚，常隨夫語。		5. Yathā pi jeṭṭhā bhagini kaniṭṭhakā sagāravā hoti sakamhi sāmike hirimanā bhattuvasānu vattini, yā evarūpā purisassa bhariyā bhagini ca bhariyā ti ca sā pavuccati.

婢婦
4.事夫如妾故
5.心常畏忌，不敢自慢，忠存盡節；口不麤言，身不放逸；不禮自防，如民奉王；夫婿敬幸，不得驕慢；若得杖捶，敬承奉受；及見罵辱，默默無辭；甘身苦樂，無有二心；募修婦道，不擇衣食，事夫如事大家。
5.常懷畏慎，不敢自慢，兢兢趣事，無所避憚；心常恭恪，忠孝盡節；言以柔軟，性常和穆；口不犯麤、邪之言，身不入永逸之行；貞良純一，質樸直信，恒自嚴整，以禮自將夫婿。納幸不以驕慢，設不接遇，不以爲怨，或得捶、杖分受不恚；及見罵辱，默而不恨；甘心樂受
4.婦事夫，當如婢。夫大罵亦不以爲惡；捶擊亦不以爲劇；走使亦不以爲勞苦。夫雖惡，常念善事；當顧子孫。
4.於是賢良之婦，見夫主隨時瞻視；忍其言語，終不還報；忍其寒苦，恒有慈心。於三尊所亦生斯念。此存我，在此衰我耗。
7. Akkuddhasantā vadhadaṇḍatajjitā aduṭṭhacittā patino titikkhati akkhodhana bhattuvasānuvattini, yā evarūpā purisassa bhariyā dāsi ca bhariyā ti ca sā pavuccati.

，無有二意；勸進所好，不妒聲色。遇已曲薄，不訴求直，務修婦節，不擇衣食，專精恭恪，唯恐不及；敬奉夫婿，婢事大家。

婦婦	5.背親向，永離所生，恩愛親昵，同心異形；尊奉敬慎，無驕慢惰；善事內外，家殷豐盈；待接賓客，稱揚善名。	4.供養大人，竭情盡行無有一二；淨修婦禮，終不廢闕；進不犯儀，退不失禮，常和爲貴。	4.供養大人，竭誠盡敬，承事夫婿，謙遜顯命；夙興夜寐，恭恪言命，口無逸言，身無逸行。有善推讓，過則稱己；誨訓仁施，勸進爲道；心端專一，無有分邪；精修婦節，終無闕廢。進不犯儀，退不失禮；唯和爲貴。			

知識婦
3.奉事夫婿，敬順懇至，依依戀戀，不能相遠，私密之事，常相告示，行無違失，善事相教；使益明慧，相親相愛；欲令度世，如善知識。
3.侍其夫婿，愛念懇至；依依戀戀，不能相棄；私密之事，常相告示；見過依呵，令行無失；善事相敬，使益明慧；相愛欲令度世，如善知識。
3.婦事夫，當如朋友，相輒相念。夫從他方來，當如見父兄，心中歡喜和顏向之。
2.見夫已，無有增減之心，同其苦樂。
6. Yā bdha dis- vana patiṃ pamodati sakhi sakhar- aṃ va ciras- saṃ āgataṃ koleyaka silavati patibbatā, yā evarūpā puri- sassa bhariyā sakhi ca bhariya ti ca sā pavuccati.

怨家婦

6.見夫不歡，恆懷瞋恚，晝夜求願，欲得遠離，雖爲夫婦，心常如寄；亂頭勤臥，無有畏避；不作生活，養育兒女；身行淫蕩，不知羞恥，陷入罪法，毀辱親里；夫婿相憎，咒欲令死。

6.見夫不歡，恆懷瞋恚，晝夜思念，欲得解離，無夫婦心，常如寄客；言猜鬥諍，無所畏忌；亂頭墜臥，不可作使；不念治家，養育兒女；或行淫蕩，不知羞恥，狀如犬畜，毀辱親里；譬如怨家。

奪命婦		7.晝夜不眠，毒心伺之，作何方便，得遠離之；欲與毒藥，恐人覺之；心外情通，雇人害之；復遣傍夫，伺而賊之，夫死更嫁，適我願之。	7.晝夜不寐，盡心相向，當何方便，得相遠離；欲與毒藥，恐人覺知；或至親里，遠近寄之；作是瞋恚，常共賊之，若持寶物，雇人害之，或使傍夫，伺而殺之，怨枉夫命。		3.若見夫已，便懷瞋恚、憎嫉夫主，亦不承事、恭敬、禮拜。見輒欲害，心在他所，夫不親婦，婦不親夫；不爲人所愛敬。	1. Paduṭṭhacittā ahitānukampini aññesu rattā atimaññate patiṃ bhanena kitassa vabhāya ussukā, yā evarūpā purissassa bhariyā vadhakā ca bhariyā ti ca sā pavuccati.

盜賊婦
2. Yaṃ itthiyā vindati sāmiko dhanaṃ sippaṃ vaṇijjañ ca kasiṃ adhiṭṭhahaṃ appam pi tasmā apahātuṃ icchati, yā evarūpā purisassa bhartyā con ca bhariyā ti ca sā pavuccati.

支配婦						3. Akammakā-mā aiasā mahagghasā pharusā ca caṇḍi duruttavādini uṭṭhāyakānaṃ abhibhuyya vattati, yā everūpā purisassa bhariyā ayyā ca bhariyā ti ca sā pavuccati.a

從上表的內容中，我們可以看出，世間上具有各式各樣類型的妻子，其中「怨家婦」、「奪命婦」、「盜賊婦」、「支配婦」是不受他人所歡迎，且常受別人的輕視、非議，自身也得不到片刻的安寧。由於其惡行所招，現世、後世俱不稱意，更有墮落惡處之虞。如《玉耶女經》所說：

「其惡婦者當得惡名；今現在身不得安寧；數為鬼神在於家庭，起病發禍求及神明；會當歸死不得長生；惡夢恐怖所願不成；多逢災橫水火日驚；萬分之後魂神受形；死入地獄餓鬼畜生；其身矬短咽如針釘；身臥鐵床數千萬劫；受罪畢訖還生惡家；貧窮裸露無絲無麻；孜孜急急共相鞭撾；從生至死無有榮華；作善得善作惡自遮。」㊹

在《鳩那羅本生故事（Kuṇāla−jātaka）》也有提及，一個不純淨的妻子是不喜歡丈夫出現在她的身邊；當丈夫不在時，也不會憶念他；丈夫回家時更不會以愛語相待、讚美丈夫；反之，以惡言對他；做些沒有利益丈夫和丈夫不想做的事，並且時常外出、喜歡逛街、造作惡事。同時，她那種不守規矩的性格也使她犯下對丈夫不忠之行爲，不照顧丈夫，且懷惡意㊺。

另外，她往往沒有在丈夫的陪同下獨自去苑林、花園、渡口，以及單獨拜訪親友。身上穿著和配帶著不知名男性所送的外衣和手飾，喜歡喝酒，站在門外觀望或遊蕩㊻。對於這類的婦女是丈夫所不希望和不受丈夫歡迎的。與此相反，「母婦」、「妹婦」、「友婦」、「知識婦」、「婢婦」皆受到眾人的敬愛；由於她具備修身齊家的善法，嚴守婦道，故能招感美滿、吉祥之果報，安逸快樂，眷屬圓滿，無有煩惱危難，來世也可享有人天之勝果。如《玉耶女經》所說：

「其善婦者，現世榮譽，親族敬念；受逼生天，天上壽盡還生世間，王侯子孫在所生處，一切尊敬。」㊼

可是在一般人的觀點上，認爲各種類型的妻子之中以「婢妻」爲最殊勝，因爲站在一般人的立場來說，身爲妻子者是應當尊敬、順從、侍奉丈夫；這種觀念對於一位婦女是非常重要的。因此，在《雜阿含一〇〇七經》說：

「順夫為賢妻。」㊽

在《相應部》中說：

「諸妻子之中，順從妻是最殊勝。」㊾。

可是在漢譯傳本將「順從妻」譯爲「貞女」㊿。此外，佛典中對於理想的妻子，作了如下的敘述：

「何謂夫婦？背親向永離所生，恩愛親昵，同心異形，尊奉敬慎，無嬌慢情，善事內外，家殷豐盈，待接賓客，稱揚善名。最為夫婦之道。」51

在原始佛教聖典中也有提及，爲人之妻應該勤勉地幫忙丈夫料理家務，親切地對待家族，無論親友或是僕傭；對於丈夫所得之財應好好守護，令其不失，更重要的是忠心於丈夫。如《教授尸迦羅越經》說：

「長者子！妻當於五事侍奉其夫：一者妥善處理家務；二者親切對待僕傭；三者不外遇；四者守護集財；五者凡事操持不怠慢。」52

對於《教授尸迦羅越經》所提示的妻應以五事侍奉其夫一事，佛音論師在《教授尸迦羅越經註釋》中有如下的解釋：

一、「妥善處理家務（susam vihiita—kammanta）」——依佛音論師的解釋是：

「必須要懂得煮粥和食物等的技巧，作各個正當的事，妥善地處理家務。」[53]

此中亦意味著，妻子如果能夠把家務處理得井井有條，丈夫即無有內顧之憂，而能安心、專注在外的工作。同時對於家內外的環境亦應當要佈置、裝飾，使它美化。因爲環境能夠影響一個人的身心，美觀而整飭的環境，會使人看了感到舒服、清爽；而雜亂無章的環境會使心情煩悶、急躁。住宅的佈置，不在於房屋的富麗堂皇、家具的奢華高貴，而在於能精巧設計。一所簡陋的房屋經過細心的籌劃，就會變成雅緻、悅意的樂園。故環境的佈置不在於華貴的飾物，而在於聰穎的安排和清潔、整齊。

二、「善於攝受眷屬（susaṃgahita-parijana）」——依佛音論師的解釋是：

「譬如尊重等、贈物予雇傭（pahenaka-pesaka）等和愛護眷屬。此所謂的眷屬是主人的親族（ñāti-jano）和自己的親族。」[54]

「善於攝受」在此意味著善於領導奴僕和「善於掌握」的意思。這種潛移默化的手段，在影響他人，使其接受自己的意見、領導是相當有意義的。此外，主婦身爲一家之主，應把家裡的事務處理妥當；對於這點主婦可說比男主人要來的細心。

三、「不外遇（anaticārinī）」——依佛音論師的解釋是：

「對於主人（丈夫）之外的其他男人，不可有不淨之行，且連心裡也不可以去想他。」㊺

這句話帶有非常精神性的意義。近代的翻譯家將不外遇譯爲「不邪淫」。在性開放的西歐國家，妻子與其他男性發生性關係是極爲普遍的事。但是在印度，尤其是上層階級人士，則非常謹慎、嚴守這點。「不外遇」，在此涵蓋了不正常的性生活或是夫婦之外的性關係在內，所以身爲妻的，必須忠實於丈夫，連心也不可思念其他男人。然而，在此自稱自己的丈夫爲「主人」是件相當有趣味的事。妻子把丈夫叫爲「主人」，並不是古印度如此，據說現在的日本、泰國也是如此。

四、「集財（sambhatan）」——依佛音論師的解釋是：

「〔丈夫〕作農業（kasi）、商業（vaṇijjā）等所集之財。」㊻

妻依夫的收入而理財，是一件很辛苦的事，這在古印度亦是如此。故作爲妻子的應在丈夫收入的範圍內，善於理財和守護，才不至於浪費妄用。所謂「散財容易，集財難」。

五、「熟巧（dakkhā）」——依佛音論師的解釋是：

「熟練（cheka）、善巧（nipuṇa）於煮粥和食物等。」57

作爲妻子的應該要學習烹飪的常識和手藝，使一家大小能夠享受美味可口而又富有營養的食物，如《中阿含一三五經》所說：

「施設淨美豐饒飲食。」58

因爲一家大小的營養是寄託在主婦日常烹飪的飲食上。飲食是維持生命，供給體力的必需品。我們每天應當要有適量的食物，但不可過量。所以《長阿含一六經》提醒我們對於飲食應當要「食知止足」59，不可暴飲暴食。針對這點古賢說的好：

「人當自繫念，每食知節量，是則諸受薄，安消而保壽。」

至於出家修行者，釋尊則教誡他們：

「食知止足，亦不貪味，趣以養身，令無苦患，而不貢高調和其身，令故苦滅，新苦不生，有力無事，令身安樂。猶如有人，以藥塗瘡，使瘡差，不求飾好，不以自高。」[60]

至於，前面所述的：

「不怠惰（analasā）」是「精勤不懈怠（nikkosajjā）。不應像其他的婦女一樣怠惰，坐就坐在自己應坐的位置，站就站在自己應站的位置，且以擴大（vipphārikena）的心完成（nipphādeti）一切應做的事務。」[61]

此中所謂「擴大的心」，帶有氣宇軒昂、雄心壯志或富有風度的意味。此外對於家務要勤勉，四周環境要整理整齊、打掃乾淨，如《六方禮經》所說：

「夫出不在，當炊蒸、掃除待之。」[62]

可是在漢譯經典的《善生經》，其內容則有所不同，其與巴利傳本的內容對照如下：

《善生經I》	《善生經II》	《六方禮經》	《善生子經》	《DN. 31.》
1.先起			4.晨起	
2.後起			5.夜息	
3.和言	8.言以誠實		9.辭氣和	

4.敬順	1.重愛敬夫		10.言語順	
5.先意承旨			3.受付審	
	2.重供養夫		14.供養夫	
	3.善念其夫	3.不得有淫心於外夫；罵言不得還作色		3. ana ticārini
	4.攝持作業	2.夫出不在，當炊蒸，掃除待之	6.事必學	5. dakkhā ca hoti analasā sab-ba-kiccesu
		1.夫從外來，當起迎之	8.君子歸問訊	
			1.善作爲	1. susamvihita-kammatā
			2.善爲成	
	5.善攝眷屬			2. susamgahita-parijanā
	6.前以瞻侍			4. anurakkhati
	7.後以愛行			
	9.不禁制門		7.闔門待君子	
	10.見來讚美			
	11.敷設床待	5.夫休息，蓋藏乃得臥	11.正几席	
	12.施設淨美豐饒飲食		12.潔飲食	
		4.當用夫教誡，所有什物不得藏匿		
	13.供養沙門梵志		13.念布施	

從上表的內容，可以窺見《善生經》的各個傳本所陳述的婦對夫的各種內涵，極爲生活化，且樸實簡明。若總其義，即是對夫無有二心，愛情專一無有異念，常侍奉飲食起居之事，以誠敬相待，夫唱婦隨，治家作業，更能善念夫之眷屬，又能供養沙門、婆羅門，爲全家祈福。對於其他的人際關係，《教授尸迦羅越經》將它分爲五項來說明，可是出現於漢譯傳本的《善生經》，有的傳本將它分爲五項、十三項或十四項來闡述。依據中村元博士的研究，這可能是在西元四世紀頃，在西北印度、中央亞細亞或中國等某個地區所擴張繹衍的63。

然，在《增支部》〈那拘羅母經（Nakulamātā）〉中，敍述一位賢淑的妻子，提醒她病重的丈夫，在臨命終時，不要生起任何掛念，因爲掛念會導致命終的苦果。所以，向丈夫許下了以下的諾言，讓丈夫能安詳地善終：當丈夫臨命終後，她能夠以紡綿梳毛來繼續維持這個家和撫養兒女；她與丈夫已共渡十六年的在家梵行生活，不會有再嫁的念頭；她會比以前更熱誠地去親近釋尊和比丘僧；只要釋尊的白衣在家女弟子有圓滿戒行、內心寂靜、已入聖法律、已住聖法律、已蘇息、已離疑惑、已離猶豫、已得無畏、已離他信而安住於釋尊教義者，她就是其中之一，如果有疑惑、異意，她會到釋尊處請教。如此的諾言竟然治癒了丈夫，當丈夫痊癒之後，便拄著枴杖，去拜見佛陀。佛陀便開示他：長者！這是你獲得的利益、善利，你有如此一位賢妻，這真是你的福報。對你而言，她是你的顧問和老師，她是如此地真誠，具有悲憫心的去看待你的一切利益。並且還說凡是我（釋尊）的白衣在家女弟子有圓滿戒行、內心寂靜、已入聖法律、已住聖法律、已蘇息、已離疑惑、已離猶豫、已得無畏、已離他信而安住於釋尊教義者，長者女那拘羅的母親就是其中之一㊹。

從上述的例子，我們可以發現夫婦之間的親密關係，是根源於道德情操上；家庭生活或精神生活是不能以性關係和經濟條件所取代；丈夫雖然是家庭的核心人物，特別是在維持經濟生活上，而妻子並不因之而次於丈夫，因爲她必須把理想的德行落實在家庭的一切事物上。

至於，爲人媳婦者，其情況又是如何呢？此在佛典中略有敘述：

「憶念餘生時，為人作子婦；嫜姑性狂暴，常加麁沉言；執節修婦禮，卑遜而奉順。」㊺

「初迎新婦，見其姑嫜，若見夫主，則慚愧、羞厭。」[66]

此外，在《玉耶女經》卻有記載一位富豪女子，容貌端正，生性嬌慢，嫁到夫家，而不懂得孝侍翁姑，親敬丈夫之道。故在家翁的禮請之下，釋尊就爲她開示了身爲媳婦者，應如何敬重、侍奉翁姑、夫婿之道。其涵義與其他的漢譯傳本的對照內容如下：

《玉耶女經Ⅰ》	《玉耶女經Ⅱ》	《玉耶經》
1.晚眠早起，修治家事；所有美膳，莫自向口，先進姑嫜、夫主。	1.後臥早起，美食先進。	1.爲婦當晚臥，早起；櫛梳髮綵，整頓衣服，洗拭面目，勿有垢穢。執於作事，先啟所尊；心常恭順，設有甘美，不得先食。
2.看視家物，莫令漏失。	2.撾罵不得懷恚。	2.夫婿呵罵，不得瞋恨。
3.慎其口語，忍辱少瞋。	3.一心向夫，不得邪淫。	3.一也守夫婿，不得念邪淫。
4.矜莊誠慎，恆恐不及。	4.願夫長壽，以身奉使。	4.常願夫婿長壽；出行婦當整頓家中。
5.一心恭孝姑嫜、夫主，使有善名；親族歡喜，爲人所譽。	5.夫婿遠行，整理家中，無有二心。	5.常念夫善，不念夫惡。

從上表的內容對照看來，《玉耶女經》的三種漢譯傳本之內容大體上是一致

的。同時，從整體的內容觀之，一位賢淑的妻子，或是一位能嚴守婦道的女人，大概都能做到以上這五點。如果做不到這幾點，就稱不上是一位賢妻良母。在《玉耶女經》中，釋尊除了爲婦女指示五種應實行的善行之外，亦開示了三種婦女所不應存有的行爲，其內容如下：

《玉耶女經I》	《玉耶女經II》	《玉耶經》	《阿遫達經》
1.未冥早眠，日出不起；夫主訶瞋，反見嫌罵。	1.輕慢夫婿，不順大長；美食自噉。未冥早臥，日出不起，夫婿教訶瞋目怒應。	1.不以婦禮承事姑妐、夫婿；但欲美食，先而噉之。未冥早臥，日出而起。夫欲教呵瞋目視夫，應拒猶罵。	1.好與情人共居，不欲作事；罵詈至暮，嗜美好鬥。
2.好食自噉，惡食便便與姑嫜夫主；姦色、欺詐、妖邪萬端。	2.見夫不歡，心常敗壞；念他男子好。	2.不一心夫婿，但念他男子。	2.如與怨家共居，不持一心向夫，不願夫善，不願夫成就，當願夫死。
3.不念生活，遊冶世間。道他好醜，求人長短；鬥亂口舌，親族憎嫉，爲人所賤。	3.願夫早死更嫁。	3.欲令夫死，早得更嫁。	3.如與偷盜共居，不惜夫物，但念欺夫；常欲自好，不順子孫；但念淫泆。

上表的教義警策了家庭婦女，應當早起、晚睡。早起可將家事處理妥當，不

慌張、不匆忙；遲起就會延誤事務，手忙腳亂。然而，治家在於精勤，早起即是勤勉的表現，所謂「三早抵一工」。假使早眠晏起，所餘的工作時間就不多了，而且虛度光陰。同時亦啟示了婦女們應當要把翁姑當作是自己的父母一樣地尊敬、孝養，且盡心去奉侍他們。千萬不可因夫家貧窮，工作繁雜，衣食儉樸，而作出使人難堪的舉動，更不可仗恃娘家的勢力，輕慢翁姑、夫婿。

「不邪淫」是夫婦結婚生活裡最重要的一事，亦是雙方所應遵守的夫婦倫常，故此特別提出來強調。此一德行也是一般在家眾所應嚴守的倫理道德。倘若不去守持，家庭必然不和，婚姻也不美滿、幸福。

對於婦女應盡的義務當中，佛音論師在《法句經註釋》中，為婦女提出了十種很好的建議：

一、家醜不外揚；
二、不應把外面的是非帶入家中；
三、應只借東西給那些有借有還的朋友；
四、不應借東西給那些有借無還的朋友；

五、有能力的話，去幫助他們〔不論還或者不還〕；

六、當家翁、家婆、丈夫與她交談時，她不應不理睬的坐著，應當站立以示尊敬；

七、不應睡在家人之前，應先把大小家務做完後才休息；

八、不應與家翁、家婆、丈夫一起用餐，而應侍奉他們，然後再吃；

九、應視家翁、家婆、丈夫如火神及創世主；

十、她應侍奉家翁、家婆、丈夫，如家中的神明（antodevatā）。⑥⑦

從佛音論師的建議中，不難看出一位賢妻是善於料理家務，尊敬長輩，忠心於丈夫，謹慎守護家產，並且能夠在適當的時間給與義務的幫助。

除此之外，《增支部》亦有記載，釋尊曾對將要出嫁的少女，作了一番的教導。有一天，文荼長者（Mendaka）的孫郁伽耶（Uggaha）邀請釋尊到他的家裡受供。供養之後，郁伽耶便請釋尊教授他那些將要出嫁的少女，使她們獲得長久的利益與安樂。於是釋尊對她們說：

「諸少女！為了他應如是學。凡是父母為了女兒的幸福，為了她的利益，愛她。由於愛她而給與丈夫（出嫁）。對於丈夫，我們應當早起、遲睡，任何事務皆要做，時常以歡喜和愛語相待。……諸少女！為了他應如是學。凡是夫所尊敬的人，無論是父母、沙門、婆羅門，我們皆應當恭敬、尊敬、敬重、供養。又當他們來到家中拜訪時，應當給與座位和水（洗腳水和飲料）。……諸少女！為了他應如是學。對於丈夫家內的事務，無論是羊毛或是綿毛、線絲，我們都應當熟練，不可懈怠。關於做這些的善巧方法，必須考究；具備這種能作、能處理的能力。……諸少女！為了他應如是學。對於丈夫家內的人，無論是奴僕、使者、傭人；對於他們所做的事，已做完要知道已做完；未做完的事，要知道未做完；又對病者的病要知道輕重；而且對於軟、硬的食物要給與分開。……諸少女！為了他應如是學。凡是丈夫所帶回來的錢財、穀物、銀、金，我們要將它收藏在安全的地方。對於這些東西，不可欺騙、不可盜取、不可取去飲酒，不可損壞。諸少女！具備這五種性質的婦女，身體破壞，死後生到可意諸神的世界，與他們共住。」㊳

對於上述的同樣經文，在〈增支部〉《阿那律經（Anaruddha）》⑲、《毘舍佉經（Visākhā）》⑳和《那拘羅母經（Nakulamātā）》㉑裡又增加了

「成為優婆夷，歸依佛、歸依法、歸依僧。又守持戒律，離殺生，離偷盜、離關於欲望的邪行、離妄語、離飲酒；又行布施，捨棄慳吝垢穢的心而住在家。時常解脫施（muttacāgā）、親自布施（payatapāṇi），樂於捨棄（vossaggaratā），容乞（yācayogā），樂於布施（dānasaṃvibhāgaratā）。……如果身體具備這八種美德的婦女，身體破壞，死後生在可意的諸神間，與他們共住。」

可是在《此世經I,II（IdhalokaI,II）》中又將整部經的內容一項一項分開來解釋，例如：

「……云何為婦女善於處理事務？……對於丈夫家內的事務，無論是羊毛或是綿毛，我們都應當熟練，不可懈怠。關於做這些的善巧方法，必須考究；具備這種能作、能處理的能力。……如是為婦女善於處理事務。……」㉒

並且將前後經文以一首偈頌加以綜合，其文如下：

「彼女善於處理事業，攝受周遭的人；
行夫可意的事，守護所貯藏的東西，
具足信與戒，慷慨地布施，捨離慳吝心，
恰如淨清道，求得後世福。
身具此八法的婦女，名為具足戒的婦女，
安住於法的婦女，真實語的婦女。
彼女具足十六種行相，身具八種善的條件，
如此守戒的優婆夷，生在可意天的世界。」⑬

可是，對於上述這八種美德，《此世經》則將它分爲二組：

「A：一、善於處理事業；二、善於攝受周遭的人；三、行夫可意之事；
四、善於守護財物。」

釋尊說：婦女若能具足這四種素養，就能贏得此世力量，且掌握此世⑭。

「B：一、信具足；二、戒具足；三、施具足；四、慧具足。具足了這四法，她就能深信三寶，守持五戒，樂於布施，成就生滅慧，而導致聖、決擇、正盡苦。故釋尊說：成就此四法的婦女，就能贏得後世力量，且掌握後世⑺」。

總括上述所說，婦女所表現於日常生活的善行及所遵循的婦道，皆是世間善法，若加以提昇、淨化，以及依循著聖八支道去行持，以信心爲本，以布施、持戒爲立身社會的德行，以智慧來統攝身心的淨化，就能趨向涅槃解脫。

綜合上述各種論述，我們可以發現，一位精勤、照顧家庭、守婦道的妻子，是一再的受到讚揚。反之，卻受到輕視、非議。其實婦女治家亦是服務社會，雖然她不是直接服務社會、國家，但間接上已爲社會、國家盡了很大的責任。對於整個家庭、社會、國家的運作來說，婦女與丈夫是分工合作的，所謂「一主內，一主外」。若是沒有婦女治家，家庭不知變成怎樣的形態；家庭所產生的問題在整個大循環上又間接、直接影響到社會、國家。所以一個社會、國家要順利地發展，每個家庭單位都扮演著很重要的角色。所謂「家庭是建國之基」。

另外，我們會認爲丈夫才是真正的一家之主，也以爲丈夫比妻子來的優異。其實不然，丈夫被視爲一家之主的看法並不只限於佛教，在一般的社會也是如此認爲。可是我們要認清的是釋尊所要強調的，並不是優劣問題，而是與一般世俗一樣，各自應盡自己的責任與義務。因此，夫婦之道是建立在「恕道」上、「情愛」上，故彼此間應當守貞、互愛、體貼、敬重，並且過著同甘共苦、同舟共濟的生活。同時作爲妻子的應當不怨不驕，善於處理家務，殷勤款待親友，忠心於丈夫，關心丈夫，勤勉不怠惰。反之，作爲丈夫的更應以如下的態度對待妻子，以禮對她、尊敬她、勿輕視她、忠心於她、授與權力、送禮物及手飾給她。進而，應以柔軟語、愛語對她，在一切時，給她幫助。並且與妻子一同出席宴會，鼓勵她參加吉祥、有意義的法會，同時勸勉她往上前進，向上向善。一位好丈夫被稱爲「神」，而賢妻也被稱爲「女神」，他們在生活上是守持五戒，不惡性、不慳吝，且恭敬、供養沙門、婆羅門。所以，理想的婚姻對象應當如上所述，它是基於彼此間的相互關照，善良的德行及具有愛心和感恩心。

註釋

①轉引自龍冠海著《社會學》（台北：三民書局，民國60年）p.262.

②Dr. A. S. Altekar: The Position of Women in Hindu Civilisation, Benares, The Culture Publishing House, 1938. p.36.

③D. iii. p.189.

④在上古的印度社會是屬於「男獵女耕」的母系社會，由於生活條件逐漸的改變，以及體能上的差異，使得男性比女性佔優勢，且取代了婦女地位從而轉向父系社會。又隨著男權的逐漸伸張，導致婦女在社會的地位日漸低落，且被視為一切不吉祥的來源，所謂「女子為不信」（《美特羅耶尼耶本集》一．十，十一）、「女子為污染」（《美特羅耶尼耶本集》一．十，十六）。然而到了《經書》時期（約紀元前500～250年），婦女的地位更加低落，一生皆附屬於男性，不得獨立，如在《包達耶那法典》（二．二，三，四五）中則有「在家從父，出嫁從夫，年老從子」的嚴格規定。

⑤大.2 p.263b3～7.

⑥大2. p.458b21～27.

⑦ S. i. p.37.

⑧ Ait. Br. 1.

⑨ Mbh. xii. 243,20.

⑩ 參見 A. ii. pp.57～58.；A. ii. pp.59～60.

⑪ A. ii. p.59.

⑫ J. vi. pp.379～380.

⑬ *Sn.* 22.

⑭ *Sn.* 24.

⑮ *Sn.* 396.

⑯ *Sn.* 108.

⑰ *Sn.* 123.

⑱ 大 2. p.352b1～3.

⑲ 大 2. p.352b4～6.

⑳《摩奴法典》8.365.f.

㉑《摩奴法典》8.352.ff.

㉒《摩奴法典》8.353.

㉓大 24. p.1047b11 ～ 20.

㉔ D. iii. p.190.

㉕ deve māneti disā māneti: evaṃ sambhāvita–kathā–kathanena. (*Sv* iii. p.955)

㉖《美特羅耶尼耶本集》(1,10.11.)，摘自木村泰賢著《印度哲學宗教史》p.316.

㉗同上（1,10.16.）

㉘同上（3,6.3.）

㉙見《包達耶那法典》（2.2,3.45.）；《瓦西琳他法典》（5,2）；《摩奴法典》（9,3）

㉚寶藏如來報曰：「夫處女人之身，求作轉輪聖王者，終不獲也；求作帝釋者亦不可獲也；求作梵天王者亦不可得也；求作魔王者亦不可得也，求作如來者亦不可得也。」（大 .2 p.757c24 ～ 28.）

㉛阿難當知，女人不得行五事。若女人作如來，無所著等正覺，及轉輪王、天帝釋、魔王、大梵天者，終無是處。（大 1. p.607b10 ～ 13.）

㉜佛告阿難：「若我聽比丘尼隨大小禮比丘者，無有是處，女人有五礙：不得作天帝釋、魔天王、梵天王、轉輪聖王、三界法王。」（大 22. p.186a11～13.）

㉝大 2. p.870b20～22.

㉞以歷史說：世尊時代之古印度是重男輕女的社會（現在也是如此），四種階級森嚴，且重利益。因此，在當時的社會環境中，男人有利於女人。從地理說：大部份的東方國家都是男權至上，而以男性為主的社會體系之印度更是如此。可是依佛法的本質來說：男女只是生理不同，心理善惡、道德優劣，修行證果，本是平等。故女眾五礙說，僅是基於當時的社會狀況而提出的。

㉟ yathā dāsa–kammakar' ādayo viheṭhetvā kathenti, evaṃ hiḷetvā akathanena. (*Sv.* iii. p.955.)

㊱ taṃ atikkamitvā bahi aññaya itthiyā saddhiṃ paricaranto aticarati nāma tathā akaraṇena.(*Sv.* iii. p.955)

㊲大 1. p.641a24.

㊳ itthiyo hi mahā–latāya sadisam pi ābharanaṃ labhitvā bhattaṃ vicāretum alabha–mānā kujjhanti, kaṭacchuṃ hatthe ṭhapetvā: Tava ruciyā karohi ti, bhatta–gehe vissaṭṭhe sabbam issariyaṃ vissaṭṭhaṃ nāma hoti evaṃkaraṇenā ti attho. (*Sv.* iii. p.955.)

㊴ attono vibhavânurūpena alaṅkāradānena. (*Sv.* iii. p.955.)

㊵ 大 2. p.458c22.

㊶ 大 2. p.263c3.

㊷ 大 2. p.458c26.

㊸ 參見 A. iv. pp.92～93.

㊹ 大 2. p.865b22～29.；參見大 2. p.864b23～25.；大 2. p.866c23～27.

㊺ 參見 J. v. p.434.

㊻ 參見 J. v. p.433.

㊼ 大 2. p.864b21～23.；參見大 2. p.865b16～21.；大 2. p.866c18～23.

㊽ 大 2. p.263c6.

㊾ S. i. p.6.

㊿「娶妻中勝貞女是」（大 2. p.458c26.）

(51) 大 2. p.864a17 ～ 20.

(52) D. iii. p.191.

(53) yāgu−bhatta−pacana−kal' ādihi anatikkamitvā tassa sādhukaṃ karaṇe suṭṭhu−saṃvihita−kammantā. (*Sv.* iii. p.955.)

(54) sammānan' ādihi c'eva paheṇaka−pesak' ādihi ca saṅgahita−parijanā. Idha parijano nāma sāmikassa c'eva attano ca ñāti−jano. (*Sv.* iii. p.955.)

(55) sāmikaṃ muñcitvā aññaṃmanasā pi na pattheti. (*Sv.* iii. p.955.)

(56) kasi−vaṇijj' ādini jatvā ābhataṃ dhanaṃ. (*Sv.* iii. p.955.)

(57) yāgu−bhatta−sampādan' ādisu chekā nipuṇā hoti. (*Sv.* iii. p.956.)

(58) 大 2. p.641b2.

(59) 大 2. p.72b20.

(60) 大 1. p.84c20 ～ 24.

(61) Yathā aññā kusitā nisinnaṭṭhāne nisinnā va honti, ṭhitaṭṭhāne ṭhitā va, evaṃ

ahutvāvipphārikena cittena sabbaṃ kiccaṃnipphādeti. (*Sv.* iii. p.956.)

㉒大 1. p.251b15～16.

㉓中村元著《原始佛教の生活倫理》p.91.

㉔參見 A. iii. pp.295～298.

㉕大 2. p.354a4～6.

㉖大 1. p.465a18～19.

㉗ Dhp－A. i. p.403.；BL. ii. p.72f.

㉘ A. iv. pp.26～28.

㉙ A. iv. p.266.

㉚ A. iv. p.267.

㉛ A. iv. p.269.

㉜ A. iv. p.269ff.

㉝ A. iv. p.273.

㉞參見 A. iv. p.270.

第五章　兄弟關係與倫常

在前二章已檢討過親子倫常與夫婦倫常關係，接著將探討兄弟倫常關係。此處所謂「兄弟」，亦是一個汎稱。其不僅指兄弟，還指姐妹，叔嫂、伯與弟婦等關係。總而言之，除了夫妻關係之外，家中一切同輩的人際關係都包括在內。然而，這種「兄弟」關係，僅是限於家族性的血親關係，若是將「兄弟」的範圍加以擴展，則可涵攝同門兄弟、拜把兄弟及同輩的親朋戚友在內。

然而，在古代的社會，傳統倫理是以家族爲中心，而家族份子將所有比自己長一輩的成員稱爲伯叔，晚輩爲子姪，同輩則以兄弟相稱。在這種長幼倫序中，親子、兄弟是屬於家庭的血緣關係，夫婦是屬於姻緣關係，其餘的君臣、朋友雖非家庭成員，但基調上完全是家庭化的，國君無異是個大家長，故有「君父」之稱，朋友之間常有稱兄道弟，甚至四海之內皆兄弟的道義敬稱。

至於同門兄弟之稱，在《戒消災經》說：

「吾與卿同師恩，則兄弟。」①

《增壹阿含經》亦有記載，釋尊對阿難說：

「自今已後勅諸比丘，不得卿僕相向，大稱尊，小稱賢，相視當如兄弟。自今已後，不得稱父母所作字。」②

由此推之，又可聯想到一般人對老師，有如對父親一樣的感情；老師往往被認爲是「道」的化身，所以更加受到崇敬，所謂「一日爲師，終身爲父」。師生間的關係親密而久遠，而事師之禮與事父之禮，亦多有相同之處。同時在古代，學生就師學道，往往是與師同住，共同生活；弟子之間也是相聚一堂，互相學習、磋磨，過著共同學習的學子生活。在這種學涯的過程中，弟子間的感情亦是極深的，猶如手足之情。因此，有些人往往對朋友比對兄弟姐妹更爲真誠篤愛，甚至可以爲朋友出生入死。這種敬愛友人之心，可以說純粹立足於「仁愛」的德行上。

然而，從整個家庭倫理關係來說，父子係爲因果關係，夫婦爲交互關係，兄弟爲並列關係。因此，兄弟間的根本道德，可說是平等之相敬相愛。此亦是屬於純精神性的道德，其與孝思是有所差別的；孝思立足於我和父母之間的直接關係，而兄弟間之敬愛乃是通過共同之父母而產生的。其本爲父母所生，故爲一間接的關係或對待的關係。正因爲兄弟間有一心共命之意識，乃客觀化父母之生命精神，故兄友弟恭尤能增進父母之情愛。總而言之，以家族爲中心的倫理，特別重視的是「情」，情是維繫倫理關係的核心，所謂「家和萬事興」，而「和」是基於「情」而產生。故說家庭倫理是植基於「父子之情，兄弟友愛」之上。

第一節　兄弟的倫常

論及兄弟關係，中國所講求的是「兄友弟恭」，亦就是以「悌道」爲重心。子女對父母能盡孝道，兄弟之間亦必能盡悌道。何以故？孝與悌皆是一顆愛心的顯現，僅是所愛的對象不同而已。至於兄弟之愛，仍係涵攝於仁的觀念之中。「仁」乃是人與人的合理關係，亦是身爲人所應有的合理行爲，所謂「己所不欲，勿施於人」；「己欲立而立人，己欲達而達人」。

天地間，自有男女以來，即有兄弟；兄弟本是同一母體所生（但亦有異母而生〕，故有「手足情深，如木連理，本同根生」的名言流傳。兄弟是手足，且輩分相同，因此情感較濃，繁瑣的規矩較少。但在家庭中爲了講究「長幼有序」（尤其是中國社會），所以做弟弟的須對哥哥恭敬有禮，而做哥哥的要友愛弟弟；並且爲弟弟樹立好榜樣，教導弟弟。這可說是兄友弟恭的「悌道」關係，亦即是兄弟相互之友愛倫常。

在原始佛教中，對於兄弟間的倫常又如何說呢？關於這個問題，除了在律藏有較具體記載之外，在巴利三藏和漢譯四阿含中，並沒有詳細的敘述。有也僅是與其他的人際關係相提並論，如《增壹阿含經》卷十四說：

「若當阿難世間無善知識者，則無有尊卑之敘。父母、兄弟、宗親，則與彼豬犬之屬與共一類。造諸惡緣，種地獄罪緣。有善知識故識別有父母、師長、兄弟、宗親。」③

又《增壹阿含經》卷十說：

「諸比丘！復有二法生豪族家。云何為二？恭敬父母、兄弟、宗族，將至己家惠施所有，是謂比丘！有此二法生豪族家。」④

兄弟、宗親除了要相互敬愛、尊重之外，也須時常保持聯繫與友善；並且在日常生活行爲、舉止上，互相勸勉、糾正，去除陋習，成就正行。如《本隧道本生故事》說：

「長兄、中兄、末兄等，彼若是確立戒的話，應將責備的事，褒揚的事，秘密的事要跟兄弟說明。」⑤

總而言之，大家共同生活在一起，彼此間所扮演的角色各有不同，爲了和諧相處，就必須彼此相互了解，並且透過溝通和妥協來減少磨擦和誤會。

雖然在原始佛教聖典中，經常提到兄弟間必須彼此敬愛、尊重，如《雜阿含九二經》說：

「父母及長兄，和尚諸師長；及諸尊重者，所不應生慢，應當善恭敬，謙下而問訊，盡心而奉事，兼設諸供養。」⑥

《別譯雜阿含二一五八經》說：

「爾時，極慢摩納見諸大眾言音，暫止在一面端身正意，而說偈言：『當於何等所，不應起嬌慢？復更於何所，而當生謙讓？……』爾時，世尊以偈答言：『供養於父母，以空淨滿月；敬順兄諸親，和上阿闍梨，及餘尊長等，於彼不應慢，宜當自謙下，都應悉恭敬。』……」⑦

反之，對於那些輕視、惡罵兄弟者是給與叱責的，如《經集》說：

「加害母父、兄弟、姐妹和妻母，以話惱害者，要知道彼是賤民。」⑧

《雜阿含一一七九經》說：

「於父母、兄弟，搥打而罵辱；無有尊卑序，是則墮負門。」⑨

《別譯雜阿含二六八經》說：

「父母、兄弟及姊妹，罵詈惡口無遜弟，如是亦名旃陀羅。」⑩

《經集》說：

「誇讚血統、財產，種姓，輕蔑自己的親戚者，這是敗亡者之門。」⑪

在律藏中則有敍述一對兄弟雖在心性、品格上完全不盡相同：一者善良，好於行善、助人；一者兇惡，爲非作歹，無惡不作。雖然如此，但是兄弟兩人的感情，不會因性格、品行的不同，而疏遠。如《毘奈耶藥事》卷十五所載：

「復次，大王！乃往古昔，時毘提訶國，有五百群臣，其中有二兄弟，最為大臣。兄名蘇斯那，弟名斯那。其名斯那者，心常好覓人過，無利益心。其蘇斯那者，於一切時常行利益，為由蘇斯那常行利益故。其斯那既無利益，惱亂人民，城中眾俱來白王，說彼所作無利益事。其王即令擯出境外，便往婆羅痆斯城，事梵德王。後於異時，其蘇斯那，聞弟被擯出境，在婆羅痆斯梵德王所以為臣佐，即白毘提訶王言：『今欲往彼婆羅痆斯看弟作其和順之事。』城中人眾，皆生怪愕。其弟常於兄處，作無益事；其弟，王擯出國境，此兄尚於弟處能行饒益，共為和可。」⑫

從上文所述，我們可以察知，一位好兄弟是不會因你患難、沮喪，而拋棄你；反而，會在你最需要幫忙的時刻，給與協助。《四分律》卷四十一說：

「有七法是親友利益慈愍故，何等七？難與能與，難作能作，難忍能忍，密事相語，不相發露，遭苦不捨，貧賤不輕。」⑬

同時亦如《別譯雜阿含經》所說：

「云何於親友？愛重如己身，不應於親友，伺覓其過失，親友心願同，相念常不忘，如是之親友，不為他沮壞，應當恆敬念，愛重如己身。」⑭

爲了使兄弟團結、親密、心連心，因此又有「兄弟如手足，妻子如衣服，衣服破，尚可縫，手足斷，安可續？」的諺語出現。妻子是異姓別親，跟父子兄弟的關係畢竟不同；故古人常告誡子弟，不要因爲妻子的緣故而疏遠了天倫關係。一般而言，妻妾的爭寵是造成家庭衝突的因素。如《根本說一切有部毘奈耶》卷十四所載：

「於一村中，有大長者，於同類族娶女為妻，得意相親，歡樂而住。雖經多歲竟無男女，遂便以手支頰，心懷憂歎：『我今舍內多有珍財竟無紹嗣，我身沒後，定被官收。』其婦見之，即便問曰：『聖子！何意支頰長思似帶憂色？』報曰：『賢首！我今舍中多有財物，現無子息，如其沒後並被官收。既有此緣寧不愁悒。』其妻報曰：『若由我過，無男女者，君今宜可更娶餘妻，令有子息。』報曰：『賢首！若人家內有二妻者，乃至麨漿，亦不得飲，常於室中紛紜鬥諍。』婦報曰：『君可求來，若彼顏狀與妹同者，我作妹想看之，若與女相似者，我作女心瞻視。』時於異村，有一長者，娶婦未久便誕二男，復生一女。……時前長者為求婦故，至彼二兄之處，求娶其妹。彼便嫁與。世間法爾得新棄故，時彼長者心親後妻，時彼前婦見其親密，心生嫉妒。未經多日，前妻有娠，白其夫曰：『君之後妻情有異念。』其夫告曰：『賢首！汝生惡意。』婦便默然。遂於後時，誕一男子……所有語言，咸悉依實，時人遂名為實語者。其母便念，我雖生子，然而夫主尚愛後妻，我今作何方便，令使離別，白其夫曰：『君於後妻，雖極愛念，彼於君所無貞素心。』其夫報曰：『賢首！汝復生惡意。』婦便默然。別設方計，告其子曰：『汝豈不知婦人苦事？』子白母曰：『我不曾知。』即告子曰：『謂是嫉妒。』子報母曰：『此非善事』〔母〕便語子曰：『我欲於汝異母彰露惡名，汝當為證。』子白母曰：『為實為虛？』母言：『是虛。』子云：『世人共知我為實語，豈可隨母所說，口出妄言。』母曰：『於我腹中，懷汝九月，於此小事，汝不見從，設為作證，無勞口說，父若問汝，但可點頭。』其子孝順不違母心，遂便許可。母於異時告其夫曰：『君不之愛婦共他男子行邪惡事。』夫云：『賢首！汝復生惡意。』婦曰：『君若不信應問實語。』父作是念，我此童兒世人共許是實語者，豈於我所而作妄語，必無斯事。時彼童兒去父不遠遊戲而住，其父喚來置於膝上，而問之曰：『汝知異母與他男子行惡事耶。』但女人情偽不學而知，即便以手掩其子口，而告之曰：『彼是汝母不須言說，若事實者，但可點頭？』彼即點頭。……其父見已，告後妻曰：『汝行惡行，不應住此，便驅令出。』既被逐已，往二兄處。兄問之曰：『汝何意來？』妹報兄曰：『我被夫主之所斥逐。』〔兄問之曰：〕『汝有何過？』〔妹報兄曰：〕『枉我行私。』〔兄問之曰：〕『汝若行私不應住此。』〔妹報兄曰：〕『我實無私，但由實語所證，彼是妄語，非實語者。』兄曰：『如何得知？』妹報兄曰：『若不信者，宜當為問近住鄰人。』時彼二兄私問鄰伍，諸人皆云：『彼無惡行。』時彼兄弟知清白已，情懷恨惱。……」⑮

從上述的事例，即可察知，妯娌的爭寵、嫉妒往往是造成家庭的不和諧。因此，爲了使家庭美滿、安穩、融洽，最好是恪守一夫一妻的正常生活。否則，將會引起許多無謂的家庭問題。在此事例中也啟示了世人不要隨意聽取他人的離間語，所謂「是故有智人，不應輒生信。」⑯如果聽到有關家族的閒言閒語，是是非非，應當在相信之前，將真相查明、問清；如此才不會誤解別人，與人相處得不愉快。世間所以會產生種種誤會和悲劇，往往是由於聽取他人的離間語，而沒有加以觀察、查明，所以釋尊告諸世人說：

「不得因他語，棄捨於親友，若回他語時，當須善觀察。」⑰

同時它亦告訴我們，說離間語者，不但害他而且害己。如《一切有部毘奈耶》說：「若作離間語者，自損損他。」⑱

至於，順從父母固然是對，但是我們卻不可忽略「理法」、「道德」。若從《長阿含一六經》所說的「父母正令，不敢違背」一詞中，又帶有另一重意思，即是父母若有不正當的言語行爲，或是知見不正，子女不但不應該聽從，反而要婉轉地諫止他們。爲人子女者，倘若只懂得順親於情，而不懂得順親於理，反而會帶來負面的效果；不但無利於己，而且損害他人。因此對於每一件事情，我們皆應站在客觀的立場去看待、處理，萬萬不可感情用事，而犯下不可原諒的罪行。所謂「一失足成千古恨，再回頭已百年身。」

兄弟間要維持濃密的情感與悌道，亦非易事。通常兄弟之感情甚篤，但各自結婚生子後，便逐漸疏遠，一因各人專注於自己的家庭，二因受妻子的影響。然而，兄弟間常因妻子的抱怨、讒言，而鬧分家是常有之事。甚至爲了財產而不要親情者也有，如《毘奈耶藥事》卷十八所載：

「乃往古昔，於聚落中，有一長者，娶妻未久，遂誕一男，年漸長大，母便命過。其父長者，娶後母來，不久有娠，復生一子，後與長兒，納娶妻房，多生兒女。後於異時，後母身死，弟投兄處。問夫言曰：『此是誰兒？』報曰：『是弟。』妻言：『聖子！當與其弟，家產分不？』夫曰：『當合停分』。妻曰：『聖子！彼是一身，我等多人。云何停分。』夫曰：『賢首！世法如是。』妻言：『聖子！可宜殺卻。』夫曰：『豈容為財殺害親弟。』妻復頻言：『染欲心者，無惡不造。』夫詣一邊，作如是念：『若於村落，而殺害之，人衆咸知，可將蘭若無人之處』，即命弟曰：『汝持器皿，可共往於蘭若採花』。白言：『如教遂即共詣』。至一山坡，摧弟墮坎，以石打殺。」⑲

從上述的事故中，我們即可發現世人往往爲了財利，而迷失自己，甚至爲了財利，而互相鬥諍、殘殺。如《中阿含一〇〇經》說：

「眾生因欲緣欲，以欲本故，母共子諍，子共母諍，父子、兄弟、姊妹、親族展轉共諍。……眾生因欲緣欲，以欲本故，王王共諍，梵志梵志共諍，居士居士共諍，民民共諍，國國共諍；彼因鬥諍共相憎故，以種種器杖轉相加害，或以拳扠、石擲，或以杖打、刀斫。」⑳

這種家庭、社會、國際間的鬥諍，是古今常有之事。然而，經濟物質生活，從個人而言，決非一人所能完全取得，但是人往往因欲望的驅使而不斷向外追求，永不滿足。從大眾而言，你、我、他皆以愛欲而想佔有，無限的佔有。擁有如此的佔有欲，當然會引起無數的衝突，而成爲不息的鬥諍。爲了淡化個人的私欲和減少由貪欲所引起的鬥諍，釋尊教誡大眾要「少欲知足」。唯有少欲知足，方能達到身心快樂，與世無諍。《法句經》說：

「若於此世界，降伏愛欲，憂苦自除落，如水滴蓮葉。」㉑

《律藏》中又記載，在輸波羅迦城，住了一位名爲自在長者的富豪，此長者與前妻共生了三個兒子。後因患病，性情暴躁，惡罵親眷，因此被妻子摒棄。那時，長者有一婢女，心地善良，富有悲心，見長者患病無人侍奉，所以獨自留下侍奉長者。不久，長者病愈，思念婢女之恩惠，而娶其爲妻，後生一子。過了一段時期，長者因病而逝，一切喪禮皆由其子辦理。喪禮妥善之後，兄弟四人便互相商討說，父親在時，所有衣食，皆由父親供給。現在父親已逝世，大家應當各自努力，求取財物，以維持生計。然後，兄長三人各自取貨出外經商，僅留小弟料理家務和作些地方式的商賈。每當嫂子需要飲食之具，皆派遣奴婢前往小叔之處求索。若來者逢時，即取得索物，若不逢時，或是因小叔與諸商客交易，就無法即時給與所需。因此之故，引起嫂子的不滿。所以在夫婿歸來之時，則以讒言告之，使得兄弟感情分裂，甚至鬧分家。如《毗奈耶藥事》卷二所述：

「後於異時，兄弟三人並還至舍。遠涉諸國，從海而歸，多得財寶，既到家已。是時，大兄問其婦曰：『小弟於後撿挍家業，供給所須，並可意不？』其婦答曰：『小叔於我，至極存意，猶如親兄及己之子。』其二、三弟各問婦曰：『我之小弟，如何供給於汝？』彼婦各報夫曰：『下賤婢子而知家長，豈得樂耶？』彼夫便作是念：『凡是婦人，皆有鬥亂，能令兄弟有愛別離。』後於異時，彼小弟開於迦尸繒綵之庫。開訖，即有大兄之子，來至庫所，其叔遂以上服，而以與之。其二、三嫂，見之得物，各遣其子而往索之。其後到，其庫已閉，更於餘庫，別出衣。叔見子來，即以此衣，而以與以之。此諸子等，各著而去，還至本房，其母見已，告其夫曰：『汝今見不？大伯之子，便得好衣，我子從索，乃得服。』是時其夫便作是念：『大兄之子，必應及開迦尸衣庫，我之子等，應乃餘庫。』復於異時，彼之小弟，開石蜜庫，其大兄子來至庫所，其叔見已，以一裹石蜜，持與之，二、三嫂等見已，即遣其子，往取石蜜，其子到已，其庫已閉。由業力故，而不得食。遇開沙糖之庫，其叔見已，遂與沙糖而去。是諸嫂等見此事已，告其夫曰：『汝今見不？他子乃得石蜜，我之愛子，遂得沙糖。』其婦如是再三譏刺不已。其二、三弟便欲分離，遂共平論。……共籌量訖，往兄處而告兄曰：『我等今者若不分析，皆不存活。』兄報之曰：『家業破散，皆由於婦，汝今應可極善思之。』其弟答言：『我等二人已深觀察委悉，極知應當分析。』兄報之曰：『若如此者，應當集取善斷事人。』其弟答曰：『我已籌量，分數已定，何須更喚善斷事人？以其所有，分為三分：在家之物，及以莊田為一分；庫藏之物，並興易物，分為第二分，圓滿以為第三分。』其兄報曰：『何故但為三分，其圓滿弟豈無分耶？』二弟答曰：『圓滿即是婢子，如何有分？然我已於家資之數，以為一分，兄若愛之，任兄分取。』時兄思念：『我父臨終，有如是語，應當守護勿遺棄之，資財之物，尚容棄捨，路之小弟，汝應當收。』作是念已，即便報曰：『如汝所言，我今應當收取圓滿。』既分物已，其分得宅者，即往家中，驅出其嫂：汝今速去，勿入我家。其嫂問曰：『何因如此？』其叔答曰：『我今分得庫藏及興易者。』速至其庫而作是言：『圓滿汝出，勿復更來。』圓滿問曰：『何故得然？』其兄答言：『我已分得。』時彼大嫂與其圓滿，相隨而出，往親里家。……」㉒

由上述的事例，我們可以得知，兄弟的分家往往是因妻子的抱怨、讒言而起。又加上當時主觀環境所呈現的現象，更難免火上加油。爲了避免兄弟的失和，身爲妻子的應盡量避免在丈夫面前對家人抱怨，而一切問題的產生，皆可透過彼此的溝通和妥協來給與化解。所以為夫者，絕對不可因夫妻的私情而損害了手足之情；更不可因妻子的三言兩語，而失了兄弟之友愛。在《律藏》中則有記載，一位老父擔心自己逝世後，家中大小便鬧分裂。因此在其臨命終前，將孩子們喚到身邊，為他們作最後的遺訓，希望孩子們在他命終之後能夠團結一致，相親相愛，和衷共濟。如《毘奈耶藥事》卷二所載：

「自在長者忽然染疾，因斯念言：我若亡後，然諸子等必當分析。我今應當預晝方便，告諸子曰：『汝等兄弟，可將柴來。』子聞父命，各執取柴，遂成大積。父便告曰：『可共燒之，其火既盛。』父告子曰：『汝等可共分此火柴，咸令相去。』彼諸子等即依父命，競分柴火，於是改火被分還滅。父告子曰：『汝見此不？』咸已見。』長者於是說伽他曰：

『眾火相因成光焰，若其分散光便滅；兄弟同居亦如此，若輒分析還當滅。』

爾時，長者說是頌已。復告子曰：『汝等當知，我沒之後，不應取汝妻子之語』，說伽他曰：

『若用妻語家便破，醒人聞叫必心摧；破國皆猶於惡臣，由多貪故斷恩愛。』」㉓

有時弟弟爲了顧全大局，不惜代兄死，這種情況在古代中國社會屢見不鮮。如《明外史》載，盧家父兄有罪，官吏逮其治罪。那時，弟弟對其兄說：「父老矣，兄嗣（即嫡長子），且未有後，我幸產兒，可代父兄死。」然後前往衙門接受審判。雖然，在佛典中並沒有記載弟代兄死的事例，但卻有代同族而犧牲的事跡。在《增壹阿含經》卷二十六記載，當流離王攻打釋迦族，大肆屠殺時，其外祖父摩訶男釋子不忍同族被殘殺，於是就去見流離王說：「『當從我願！』流離王言：『欲何等願？』摩訶男曰：『我今沒在水底，隨我遲疾，使諸釋種得逃走。若我出水，隨意殺之。』流離王曰：『此事大佳！』是時摩呵男釋〔子〕即入水底，以頭髮繫樹根而取命終。是時，迦毘羅越城中諸釋〔種〕，從東門出，復從南門入；或從南門出，還從北門入；或從西門出，而從北門入。是時流離王告群臣曰：『摩呵男父，何故障在水中，如今不出。』爾時諸臣聞王教令，即入水中，出摩呵男已取命終。

時王方悔心，我今祖父已取命終，皆由愛親族故，我先不知，當取命終，設當知者，終不來攻伐此釋。」㉔

《增壹阿含經》卷十五中又記載，當釋尊歸國弘化之後，淨飯王告諸釋迦種族，家中若有兄弟二人，當取一人出家學道。㉕當此消息傳開之後，各家兄弟皆在商討，該由誰出家較爲理想，釋子摩訶男兄弟也不例外，如《五分律》所載：

「爾時，貴族諸釋種子，多於佛所出家學道。時釋摩男語阿那律言：『今諸貴族並皆出家修於梵行，我等兄弟如何獨不?我若出家汝知家事，汝若捨家我當料理。』阿那律言：『願兄出家，我知家事。』釋摩男言：『汝先由我在家受樂，不知艱難，然出家行道亦復辛苦，汝今住家，吾當語汝營家之法，便種種語之，晝應爾夜應爾，田商貨殖驅役之法，悉以語之。』阿那律言：『若營家如此乃得成立，我乃不能一日為之。願兄住家，我常修道。』」㉖

從以上的論述中，我們可以看出，印度民族與中華民族雖然同樣重視子嗣的相續，但是對於延續世系和繼承香火的觀點就有所不同。印度民族並沒有特別強調家系應由長子來繼承，唯說明只有男孩才是真正能夠延續香火和繼承祖業的人選，且負有祭祀祖先的責任和義務。反之，中華民族自周代宗法以來，就很重視嫡長子，且將長子視爲主要繼承世系和延續香火的人選；所以長子在家中的地位顯得特別重要。當父親逝世後，長子自然而然繼爲家長，主持家政。此也是中華民族對長子與諸子，在地位上的一種區別。所以，在中華民族所強調的長幼倫常中，諸弟對長兄的敬禮、恭謹，且視長兄如父是很自然的。所謂：

「事〔兄〕挨如父，理家必諮而行，為鄉黨矜式。」

第二節　兄弟間應盡的義務

在上一節已提過，兄弟倫常在巴利三藏和漢譯四阿含中，並沒有詳細的記載。因此對於兄弟間相互應盡的義務，唯有借用朋友間所應盡的義務來給與闡明。其實，原始佛教聖典中，所論及的兄弟倫常是與朋友倫序相呼應的，況且兄弟一倫可攝於親友中。故對此就沒有特別提出來加以討論。

在兄弟的生活倫理中，因爲彼此的輩分相同，故所應盡的義務，不像親子、夫婦那麼繁雜、講究。由於處在共同生活環境的家族，爲了達成家庭的祥和、安穩，以及維持整個家庭，乃至社會的秩序，家族不得不講求長幼之倫。並且依循著自己所扮演的角色及彼此的關係，各盡應盡的責任和義務。因此之故，兄弟之間，也應各安其分，各得其所的應有軌律。在原始佛教聖典中，雖然沒有記載兄弟間相互應盡的義務，但是我們可以引用《教授尸迦羅越經》及《善生經》所論述的親友關係，給與彌補其中的不足。《教授尸迦羅越經》說：

「良家子應以五事來奉侍友人朋輩：一、布施；二、愛語；三、利行；四、同事；五、不欺騙。」㉗

對於《教授尸迦羅越經》所論述的「不欺騙（avisaṃvādanatāya）」——依佛音論師的解釋是：

「無論任何東西的名目（nāmaṃ）被他人提起（gaṇhāti），皆不要欺騙他人：即是說這種東西我家有，這個也有，取去吧！沒有欺騙的給予他。」㉘

除了在《教授尸迦羅越經》中，有論述到良家子應以五事敬奉友人朋輩之外，在漢譯傳本《善生經》的各個經典亦以五事來論述良家子對友人朋輩應盡的義務。其與巴利傳本的內容對照如下：

《善生經Ⅰ》	《善生經Ⅱ》	《六方禮經》	《善生子經》	《DN. 31.》
1.給施	4.施與珍寶	5.所有好物，當多少分與之	4.時時分味	1. dānena
2.善言				2. peyya−vajjena
3.利益		2.小有急，當奔趣救護之		3. attha−cariyāya
4.同利				4. samānattatāya
5.不欺	3.不欺誑			5. avisamvādanatāya
	1.愛敬	4.當相敬難	1.正心敬之	
	2.不輕慢		2.不恨其意	
	5.拯念親友臣		3.不有他情	

		1.見之作罪惡，私往於屏處，諫曉呵止之		
		3.有私語，不得爲他人說		
			5.恩厚不置	

從上表的整體內容看來，對於自己的親友眷屬，不外乎以四攝法來統攝之。

如《中阿含四〇經》載：

「世尊告曰：『手長者！汝今有此極大眾。長者！汝以何法攝此大眾？』彼時，手長者白曰：『世尊！謂有四事攝，如世尊說：一者惠施；二者愛言；三者以利；四者等利。世尊！我以此攝於大眾，或以惠施，或以愛言，或以利，或以等利。』世尊歎曰：『善哉！善哉！手長者！汝能以如法攝於大眾，又以如門法攝於大眾者，以如因緣攝於大眾。手長者！若過去有沙門、梵志，以如法攝大眾者。彼一切即此四事攝於中或有餘。手長者！若有現在沙門、梵志，以如法攝大眾者。彼一切即此四事攝於中或有餘。』」㉙

然而，在共同生活的團體（家庭）裡，爲了使團體的活動順利推行，各成員要對他人持有溫柔的態度。彼此間的相處應當保持著敬愛、容忍、至誠、互助、關懷等的道德修爲。這種道德涵養在原始佛教聖典中稱爲「四攝事（cattāri saṃgaha-vatthūni）」。此四種道德即是「布施」、「愛語」、「利行」、「同事」。如《增支部》說：

「諸比丘！攝事即是此四種。哪四種呢？布施，愛語，利行，同事。諸比丘！此即是四攝事。」㉚

一、「布施（dāna）」是在經濟、知識、心理、精神上等方面，去協助親友眷屬，並且提高他們的物質生活和精神生活；使其獲得快樂，欣慰和進步。然而，人類的生活，主要是仰賴財物的支助；人類也每每因財物的缺乏，而遭至生活的困窘。凡人在飢渴困苦中，極需要的即是他人的救濟。若此刻能夠獲得善人的雪中送炭，那是極爲感激不盡的，亦能因此而解除人生的一分苦痛。所以財物的惠施，最能表現助人的實際作爲，亦能因之而打開人我親善的門戶，增進人間的和樂與祥和。故財物的布施，對於人類而言，具有重大的意義。

在物慾橫流與生活緊張的今日社會，人類所能享有的僅是豐饒的物質，但是在精神和心靈境界上，卻顯得十分貧瘠，因此法的布施顯得比物質更重要。爲了充沛精神的糧食，正法更應積極地給與弘揚並推擴到每一階層，讓每個人都能從佛法中獲得利益。尤其是那些已從佛法中獲得法益者，更有責任將佛法介紹給每個家庭成員，與家族們共沾法益，同嘗法味。

二、「愛語（peyyavajja）」是不用粗暴無禮的言談，而是以和悅、溫和、慈愛的言語與人交談。愛語不僅是談話的技巧，而且是一種真誠懇切、和藹融洽，感人肺腑的言語，亦是人格修養的一種表現。因此，與人交談時，要善於應用愛語、柔軟語、親切語、慈愛語。同時，慰問、鼓勵、讚美的言語，能使人得到精神上的慰藉，感到人間的溫暖，並且激發他生起增上心和精進心。亦能促成家庭、社會的和樂、進步、安寧。反之，世間的人我是非，多數是由於人類不說愛語而產生，亦因之而導致人與人之間失去和樂相親的氣氛。由此可見，愛語有著促進人類友善的功用，並且是人與人之間的溝通思想、情感的橋樑。因此，爲了促進兄弟、親族的和諧共處，相親相愛，愛語的應用是不可或缺的。

三、「利行（atthacariyā）」是爲了親友眷屬的利益而去作事，attha 的原語是「有目的之事」，又可以將它譯爲「利」、「義」，亦即是「利益」的意思。人大體上是自私自利的，每每爲了自己個人的利益，而你爭我奪，弱肉強食；國與國之間，爲了利益問題，而發動戰爭。如果人人都能顧慮到別人的福利，以利他作爲準則，必能摒除自私自利的心性，消除損人利己的惡行，並且透過這種「我爲人人」的精神，排除人我之間的隔閡，嫉妒與仇恨。進而促進人與人之間的和睦共處，社會的安居樂業。因此兄弟、友人之間也應處處爲對方的利益著想，時時給與協助，如此必能得到對方的肯定、信賴，且樂意接受你的意見、化導。

四、「同事（samānattatā）」亦叫爲等利、同利，即是將自己融入大眾團體中，與親友眷屬共同活動，共同做事，共同生活，同甘共苦。亦可解釋爲「依種種合法（dhammesu）的事情，作適當的共同活動（samānattatā）」㉛所謂「種種合法的事」是有所限制，並不是每件事務皆可協力、協同去造作，而是合乎於人情理法，亦即是合情、合理、合法的事務，方可共同努力勞作。

我們生活在共同團體中，應當有福同享，有難同當。任何一個人，若想要獨得利益，必然引起勾心鬥角，爾虞我詐的局面，結果必成仇敵。如果人人皆能本著尊重他人的利益，改善人我關係，攝受異己的合作，驅除彼此之間的磨擦，必能化敵爲友。假使你我皆能善於運用等利，以等利爲重心，即能充實自我的德性，提高自我的品質，促進人生的幸福。同時，具備等利之德目者，與人共處，亦會受到他人的尊敬與愛戴。是故，兄弟、親友的共同生活，亦應以等利爲重心，方能達成家族中的團結與和諧。

綜上所述，四攝事是推動人類相親的輪子，聯繫人我之間距離的線索，且是成就人天善法，促進和樂善生之大全，甚至爲利濟有情眾生的菩薩道。從四攝事中，我們可以發現利他精神的重要性，亦是佛教所強調的待人處事之道。唯有從利他的德目中，方能建立健全的人際關係。並且促成人際關係的和樂、社會的祥和、國家的安定。因此，兄弟間的手足之情，若能以四攝事作爲銜接情感的橋樑，更能增進手足間的感情，加強彼此間的團結力量；並且達成親族間的和睦融洽，相親相愛，且過著和衷共濟、同甘共苦的共同生活。《雜阿含一一八三經》

說：

「善友貴重人，敏密修良者；同氣親兄弟，善能相攝受。居親眷屬中，摽顯若牛王。各隨其所應，分財施飲食。壽盡而命終，當生天受樂。」㉜

又《教授尸迦羅越經》說：

「友人朋輩應以五事去愛護良家子：一、護之不令放逸；二、護之不令失財；三、恐怕時成為庇護者；四、陷入困境時，也不捨棄他；五、亦能尊重他的子孫。」㉝

對於《教授尸迦羅越經》所論述的「亦能尊重他（朋友）的子孫。」依佛音論師的解釋是：

「此子孫是指朋友的子女。又叫為他（朋友）的子女、孫、曾孫，要尊重、愛護他；視之為自己的兒女，有喜事時為其祝福。」㉞

除了在《教授尸迦羅越經》中，有論述到良家子應以五事敬奉友人朋輩之外，在漢譯傳本《善生經》的各個經典亦有記載，友人朋輩對良家子也有五種應盡的義務。其與巴利傳本的內容對照如下：

《善生經Ⅰ》	《善生經Ⅱ》	《六方禮經》	《善生子經》	《DN. 31.》
1.護放逸	3.見放逸教訶	1.見之作罪惡，私往於屏處，諫曉呵止之	2.遨逸則數責	1. pamattaṃ rakkhanti
2.護放逸失財				2. pamattassa sāpateyyaṃ rakkhanti
3.護恐怖者			1.有畏使歸我	3. ti bhitassa saraṇaṃ honti
4.屏相教誡			5.言忠爲忍言	
5.常相稱歎		4.當相敬難		
	1.知財物盡			
	2.知財物盡已，供給財物	5.所有好物，當多少分與之	4.供養久益勝	5. apara-pajaṃ ca pi śsa paṭipūjenti
	4.愛念			
	5.急時可歸依	2.小有急，當奔趣救護之		4. āpadāsu na vijahanti
		3.有私語，不得爲他人說	3.私事則爲隱	

從上表的內容看來，兄弟、親族間的交往，應具有平等的敬愛心。彼此間應互相照顧、關懷、互助、共甘苦。無論貧富、貴賤，均要以禮相待，在困窘時給與精神和財物上的支持，所謂「患難見真情，日久見人心。」《別譯雜阿含二二五

九經》說：

「若族姓子，起於精勤，積集錢財，於其妻子並諸眷屬、奴婢、僕使、知友、輔相及諸親族皆應供養、供給所須與其利樂。如是等輩皆同苦樂，是名苦樂俱火。」㉟

對於親疏遠近、貧富貴賤的親友，應以平等心來接待，千萬不可有近親疏遠，媚富驕貧的態度。尤其是對於疏遠、貧窮的親友，在接待上更應真誠懇切。

對於親族的友誼，要持有忠厚、忠實、忠信的態度。因爲人與人之間的相處是建立在信賴與忠義上，《法句經》說：

「信賴是最上的親族（vissāsa paramā ñāti）」㊱。

對親族的勸勉、指導也應具有積極性的態度；當親族受到災難、恐怖時，應盡心盡力去給與協助、扶持、慰問；要是兄弟、親友間有放逸的行爲，也應當委婉勸誡，使其離惡向善，如《法句經》說：

「應當訓誡、教示〔他〕，並且阻止〔他〕作惡事。」㊲

總而言之，對於兄弟、親族要忠實誠懇，且具有責任感、報恩心和感謝心。

然而，從巴利傳本與漢譯傳本的《善生經》中，卻可發現其引用的親友對象有所差異，如《教授尸迦羅越經》是舉「良家子」和「朋友同輩」的關係；《善生子經》是舉「友」與「朋」的關係；《六方禮經》是舉「親屬」與「朋友」的關係。《教授尸迦羅越經》與《善生子經》，各提出五項彼此所應盡的義務，而《六方禮經》僅單獨提出五項親屬朋友應盡的責任。另方面，在《善生經Ⅰ》中是說「親」與「親族」的關係，而《善生經Ⅱ》中是說「親友」與「親友臣」的關係。從這兩種漢譯傳本所引用的對象及原文的內容，則發現其含有上下的意味，亦意味著長官與部屬的關係。同時，亦可從中看出中國階位性的身份關係和觀念。雖然各個傳本所引用的對象不同，但是整體的內容是共通的，且不出大家族的範圍；況且兄弟、親屬、朋友、君臣有相攝之處。

又，在其他四種傳本是將親友關係配在北方，唯有《善生經Ⅱ》獨將親友關係配在下方，主僕關係配在北方。這是否是譯者將其方位配錯，或是傳本自身的錯誤？依照整個六方位的配法，將親友關係配於北方及主僕關係配於下方較爲合理。因爲人生於世，是不能離群索居，而是互爲因緣，需要相互依存，相互依靠的，所謂「在家靠父母，出外靠朋友」。同時在共同生活的體系下，大家皆須互相合作、互相配合、互相依靠，方能使工作順利進行，且創造出新的天地。從這點可確認友人朋輩是大家的依靠處，故將之配在北方，亦即是我們的左邊是很合理的。關於親友的方位，佛音論師有如下的解釋：

「因為人人需要依靠友人朋輩，才能渡過（uttarati）苦難，所以他是北方（uttara）。」㊳

但是，主僕之間是有身份的上下及屬從的尊卑關係，同時奴僕對主人必須持有恭敬的態度，且忠心於主人。在古印度社會的習俗，據說當主人對奴僕說話時，奴僕必須跪下，合掌傾聽；而早期的暹邏（現今的泰國）也有如此的風俗。所以將奴僕安置在下方是有其道理的。依據佛音論師的說法是：

「奴僕因作務場所在足下，所以配在下方。」㊴

此中所謂「作務場所」是指工作場所，亦含有職業地位之意；「足下」是指低下，低賤之意。並意味著奴僕的工作地位，乃至身份是很低賤的，所以應將之安置在下方。因在當時的印度社會，對於種姓階級的區分非常嚴格、分明，而首陀羅（sudda）、旃陀羅（caṇḍāla）是處在當時四姓階級之末，完全沒有權益、地位和自由可言，一切皆受其他階級的支配，故地位低於足下是有理可言的。

綜上所述，兄弟間的關係，本是同一母體所生，故有「兄弟是人的肢體」㊵之對稱，且其輩分相同，故所應盡的義務，不像親子、夫婦那麼繁雜、講究。但是由於人各有私心，不易和諧，且人與人接觸愈多，愈容易發生摩擦。因此不得不以禮法來約束人的言行，並且定出長幼的分際，讓人在相處時，有一套可以依循的規距。所以徐善重說：

「家人同居易生玩狎，鮮能以禮自將，此乖忤所由生也。……凡父子、兄弟、夫婦之禮，不過日夕接對語言動靜之間，書記所載，素所誦習，人自不體耳；但以禮約飭，不憚煩勞，如父坐子立，兄行弟隨，見長者則起，應對必以名，出必告，反必面……諸如此類。肅而行之，習而安之，上為而下效之，則慢易交亢之性，自然消融，而和順之風，未有不成者也。」㊶

因此家中的長幼之倫，具有維繫家族和諧與秩序的作用。

然而，在《雜阿含一一四一經》中，釋尊告諸比丘：

「有二淨法能護世間。何等為二？所謂慚、愧；假使世間無此二淨法者，世間亦不知有父母、兄弟、姊妹、妻子、宗親、師長尊卑之序，顛倒、渾亂如畜生趣。以有二種淨法，所謂慚、愧，是故世間，知有父母乃至師長尊卑之序，則不渾亂如畜生趣。」㊷

此中說明了人能知有父母、兄弟、姊妹、妻子、宗親、師長尊卑之序，皆因有慚愧心。有此慚愧心，才能建立人倫關係，不致造成亂倫悖常的現象。人與人之間，有了這種長幼的分際，親疏關係，即能各守其位，各安其分。如果每個家庭皆能長幼有序，敦睦和諧，必能促進社會的安穩、國家的安定。

所以說人與人的關係是相輔相成，互相敬愛，而不是互相利用的。同時，在彼此間的互相尊敬、互相對待、互相盡責、互相幫忙下，更能促進彼此的友誼；反之，只是互相利用，一旦利害關係終盡時，友情也跟著結束，無法相續。總而言之，人與人的關係，或是共同相處，皆當秉承「四攝事」的精神去履行，方能促進彼此之間的親密和友善關係。

註釋

①大 24. p.944b15～16.
②大 2. p.752c16～18.
③大 2. p.768c24～28.
④大 2. p.595a13～16.
⑤J. vi. p.380.
⑥大 2. p.24a21～24.
⑦大 2. p.464a22～b4.
⑧*Sn.* 125.
⑨大 2. p.352b23～24.
⑩大 2. p.468a2～3.；大 2. p.470c28～29.
⑪*Sn.* 104.
⑫大 24. p.70c9～21.
⑬大 22. p.861a23～26.

⑭大 2. p.453b3 ～ 7.

⑮大 23. pp.698b24 ～ 699a17.

⑯大 23. p.769c11.

⑰大 23. p.769c8 ～ 9.

⑱大 23. p.768a1.

⑲大 24. p.94a22 ～ b6.

⑳大 1. p.586c11 ～ 20.

㉑了參譯《南傳法句經》p.170.

㉒大 24. p.9a20 ～ c16.

㉓大 24. p.8b29 ～ c13.

㉔大 2. p.692a1 ～ 14.，大 22. p.861a5 ～ 15.

㉕參見大 2. p.623c16 ～ 17.

㉖大 22. pp.16c21 ～ 17a2.

㉗D. iii. p.190.

㉘ yassa yassa nāmaṃ gaṇhāti taṃ avisamvādetvā: Idam pi amhākaṃgehe atthi, idam pi atthi, gahetvā gacchāhi ti, evaṃ avisaṃvādetva dānena. (*Sv.* iii p.956.)

㉙大 1. p.482c12～25. ∵ A. iv. pp.218～220.

㉚ A. ii. p.32. ∵相當　大 2. p.185a13～16.

㉛ a. ii. p.32.

㉜大 2. p.353b15～19.

㉝ D. iii. p.190.

㉞ sahāyassa putta–dhitaro pajā nāma. Tesaṃpana putta–dhitaro ca nattu–panattakā ca apara–pajā nāma. Te paṭipūjenti kelāyanti mamāyanti, maṅgala–kāl' ādisu tesaṃ maṅgalāni karonti. (*Sv.* iii. p.956.)

㉟大 2. p.464c16～19.

㊱ *Dhp.* 204.

㊲ ovadeyyonusāseyya, asabbhā ca nivāraye (*Dhp. 77.*)

㊳ mittâmaccā yasmā so mittâmacce nissāya te te dukkha–visese uttarati, tasmā uttarā disā ti (*Sv.* iii. p.952.)

㊴ dāsa－kamma－karā pāda－mūle patiṭṭhana－vasena heṭṭhimā disā ti. (*Sv.* iii. p.952.)

㊵ J. iii. p.50.

㊶《古今圖書集成》〈明倫彙編・家範典〉卷3，〈家範總部・總論2〉第321冊，p.15.

㊷大 2. p.340c23～29.；相當　大 2. p.660c13～18.

第六章 結 論

家庭是個人與社會間的橋樑，不僅是像鳥雀孵育幼鳥的鳥巢，且是每一個人爲了完成自己人格所不可少的正常生活場所。不僅個人在社會上的身心疲憊，須要在家中加以補償、恢復，同時亦是個人在社會中的生活，主要是智能方面的生活；以溫情爲主的親子、夫婦、兄弟間的生活，乃是倫理與藝術融合在一起的生活。倘若離開了最現成的家而談倫理、藝術，那是無根的樹，無源的水。所以不論家庭的類型如何發展，時代如何變遷，民族意識如何共識，惟有夫婦的敬愛結合，親子間的舐犢深情和兄弟之間的友愛情感，方是家庭永遠而必要成立的骨幹；任何人都祈求這種溫情，需要這種融洽。人類最寶貴的，莫過於這種溫情和融洽的結合。由這種家庭結合的延續與擴展，方能形成一個和合、安樂的社會。故家庭爲社會的重要單位，家庭爲社會的主要基礎；必須先有家庭，然後再由許多的家庭組合而成爲社會；社會之所以不能缺少家庭組織，猶如生物有機體不能缺少細胞組織。許多社會生活方式，是由家庭生活培育而形成；服務、序秩、情感、情操、習尚等，無一不先出自於家庭。就個人而言，家庭是個人人格養成的場所，亦是自我精神發展的起點，唯有踏上這座橋樑，方能步入社會的途徑。由此可見，家庭的這座橋樑，在個人與社會之間的連鎖關係上是極爲重要的；一旦拆散，社會與個人難以聯貫，而社會組織的解體，必將產生社會問題。

誠然，和樂的家庭是建立在全體家族的感情上，同時亦是建立在家庭成員間的互愛、互助、尊重、包容、忍讓及同一信仰上；而經濟的充裕也是促成家庭幸福、安穩的重要因素，所以爲了謀取生活所需，彼等皆應依循正當的途徑，腳踏實地努力耕耘，方是可靠。否則，以不合法的手段取得財富，即使用於奉養父母、祭祀、行善、供僧等，也免不了會墮落。同時，爲了使自己現生得樂、幸福，不論從事於何種職業，都應有熟練的技術、鑽研的精神、刻苦勤勉的毅力。此外，還須善於處理、守護所得財物和結交善友，遠離欺誑、凶險、放逸、酗酒、賭博、怠惰的惡人，而過著均衡的經濟生活。

對於所取得之財，應該要善加利用，如果只是一味的積蓄，則毫無意義。因此，我們應該把所得的財富，用於改善自身的技能、增廣自己的知識、提高自身的素質，這樣方能提昇自己的作業效率，帶給社會群眾更多的便利。其次，亦應取部分的盈餘用之於社會，如：社會福利、教育施設、文化發揚、宗教傳播上等，爲自己及家族積善植福。

至於，一個家庭的組織，主要的因素無非是物利人和。除了有正常的經濟來源，維持、供給家庭之外，人爲的因素更爲重要——道德倫理。對於人與人之間相互對待，互相敬重，以及雙方應盡的義務之家庭倫常，在《善生經》及《玉耶經》都有全面性的給與論述。《玉耶經》雖然僅是提及爲婦之道，教誡婦女們應以玉耶女爲借鏡，却沒有論述到爲夫之道，但是爲夫者亦應該從《玉耶經》中，舉一反三地去實行男主人的責任，方能避免重男輕女之譏！這樣才能掌握佛法的妙用及釋尊的用心。

《善生經》是以佛教的道德原則，指示親子、夫婦間應有的對等德行；而《玉耶女經》則指示婦女持家之道，無非是通過「見以禮，受以法」來促進上下的敦睦、一團和氣。爲了促使家庭的和樂，主婦不僅要服侍翁姑，培養彼此的感情，消除成見。對於子女亦應負起養育的責任，領導子女走向正途；並且以偉大的母愛去關懷、愛護子女，解除兩代的思想代溝，以盡為人之母的責任。

人生家庭的幸福，雖以夫婦的和樂為基礎，同時亦以父慈子孝、兄友弟恭的倫常為重心。故佛陀在《善生經》中強調子女對父母應生孝順奉敬之心，父母對子女應慈愛有加；兄弟間應互相友愛，且盡相資相濟的義務。在《善生經》和《玉耶經》中，釋尊亦強調為婦者應如何善事丈夫，丈夫亦宜如何體貼、敬愛其妻。唯有在彼此間的互相尊敬、互信互諒、各盡其責、各守本分的方針下，方能使家庭生活安定，且順利地發展一切事業。由此可見，整個家庭的美滿，有賴於全體家庭組員的互相呼應與團結力量，並非妻子一人所擔挑成功的。尤其是處於今日的社會，生活水準提昇、經濟發達，促使一向主內的婦女不得不兼職工作以協助維持家計。倘若職業婦女回家後又須負責瑣碎、繁重的家務，自然難以周全。因此之故，身為丈夫的也應該儘量體貼、諒解，以及用愛語慰問妻子，並且協助料理部分的家務，以減輕妻子的負擔。總括之，在大家分工合作，各守本份，各盡其責，相敬相愛，上下一心，自能塑造出一個美好的家庭環境，共享溫馨和樂的成果。

以上所述說的佛教倫理觀，乃是建立在人與人之間相互對待的合理德行上，以及互相尊重的道德觀念上。因爲佛教認爲一切眾生皆是平等，在眾生平等的法則下，彼此之間並無所謂「支配者」與「服從者」的關係。但是佛教並沒有否認人與人之間所存有的貴賤與優劣的現象，反而強調人的一切貴賤與優劣乃應決定於各人的行爲，如《經集》所說：

「由於〔人的〕行為而成為農夫，由於〔人的〕行為而成為工匠，由於〔人的〕行為而成為商人，由於〔人的〕行為而成為奴僕。」①

但是由於身份的不同，故彼此間應有相互對待的關係和應盡的合理行誼。總而言之，佛教的倫理思想，並非齊頭式的平等，乃是從不同的人際關係中，找出彼此間的互動關係和相互間所應有的權利與義務，這樣才符合佛教所倡導的平等精神。是故，初期佛教所倡導的家庭倫理觀，乃是建立在每一家庭成員之間的相互對待之合理德行上，以及互相尊重的道德觀念上。因之，家庭組員（親子、夫婦、兄弟）之間應當互相尊重、敬愛、信賴、諒解、關懷、盡責、互助。惟有在家庭組員的相互對待之合理行誼下，方能促進彼此間的親密和友善關係，而且過著一種合情、合理、合法的至善道德生活。

至於今日的社會，由於社會結構、家庭形態的改變，以及「平等思想」、「人權尊嚴」、「民主自由」等思潮的流行，致使父子、兄弟、長幼之分，不太可能如過去那樣嚴格，事實上也沒有必要像過去那樣嚴肅。所以我們在講求「長幼有序」，應著重在其精神，而非表面上的形式；更應從感情——「互愛」、「慈愛」、「感恩」、「奉獻」為出發點，不再用禮法來約束，讓每一個人發自潛在的「愛心」去孝順父母、尊敬長上、慈愛晚輩。如孟子所說：

「惻隱之心，人皆有之。」

由這種真心實意、真誠懇切的良知、良心去塑造秩序井然、有禮有情的和樂家庭與社會。

另方面，吠陀時期的社會，是以家庭為社會的基本單位，且施行族長制度。一般風尚喜歡多子多孫，祈求多子，生女亦予善待。同時在男女人口比例極不平衡的社會狀態下，多妻制度的產生是很自然的，再加上子嗣觀念的強化，生子欲求更是難免的。又隨著男權的逐漸伸張，女性的地位，也隨之日漸低落；不但不能參與政事活動，亦沒有接受平等教育的權利，更沒有財產繼承權；而且法律上不認可婦女的獨立地位，必須由男性來保護和照顧；早婚、殉葬之事，也時有所聞。這可說是對女性的一種束縛、歧視、壓抑和不公平。時至今日，雖然歐美先進國家及民主主義諸國的婦女組織，不斷地爲女性爭取在社會上的權利與地位。可是那種根深柢固的「男尊女卑」之錯誤觀念，還是無法給與徹底打破。要知男女的平等地位，實際上並不是從名義上或形式上去爭取，而是應當從其實質上去求平等；從其所扮演的角色、負擔的職務；更應從道德的修養，心性的真、善、美，來尋求心境上的平等。如果人人能夠藉著對眾生平等性的切實體驗，慈愛一切眾生，那麼男女間的究竟平等觀，自然而然能夠建立起來。

整體而言，人類的習俗、禮儀、文化，雖然隨著時空的變遷與社會結構的不同而改變，但是人性上的道德規範，大體上無有古今中外之別。所以佛陀於二千五百餘年前所宣說的家庭倫理觀，不但不會因時空的不同而被陶汰。反而能夠作爲當今家庭生活的借鏡與反省。同時，釋尊對當時民眾所宣說的人性道德倫理，亦是適應所有時代，所有人類的教義，是萬古長青、永垂不朽的。無論在任何時處，皆能適用。如水野弘元博士所說：

「釋尊的教說可說是超越時空的限制，為全宇宙的人類而說。它是越出印度國界的限制，也跨出印度種姓制度與社會環境。也超越了二千五百年的限制。……萬古如新、在古不增、在今不減。如一把光明的火炬，常照不滅。」②

由此即可得知釋尊的教說，不但經得起時世的考驗，而且是適應每個時代，每個人類，並且是超越其他思想、學說。此中所論述的初期佛教家庭倫理教義亦復如是。它不僅適用而且遍行無礙，就是今日，仍有應用的價值。故可應用它作爲建設美滿家庭的藍圖。

註釋

① *Sn.* 651.

②水野弘元著《原始佛教》p.279.

略語表：

A.	Aṅguttara-Nikāya	增支部
Ait. Br.	Aitareya-Brāhmaṇa	愛陀列耶梵書
A. VII. 59.	Sattabhariyā	七婦經
BL.	Buddhist Legends	法句經注（英譯）
Chāṇd. Up.	Chāndogya-Upaniṣad	旃多格耶奧義書
D.	Dīgha-Nikāya	長部
DN.31.	Sigālovada-suttanta	教授尸迦羅越經
Dhp	Dhammapada	法句經
Dhp-A.	Dhammapada-Aṭṭhakāthā	法句經註釋
Itiv.	Itivuttaka	如是語經
J.	Jātaka	本生故事
Mbh.	Mahābhārata	敘事詩

S.	Saṃyutta-Nikāya	相應部
S*n*.	Sutta-nipāta	經集
S*v*.	Sumaṅgalavilāsinī	長部經註釋書
Tait. Up.	Taittirīya-Upaniṣad	推提利耶奧義書
Therag.	Theragāthā	長老偈
Therīg.	Therīgāthā	長老尼偈
Vin.	Vinaya-piṭaka	巴利律藏
大	大正新修大藏經	
善生經Ⅰ	《長阿含・善生經》	
善生經Ⅱ	《中阿含・善生經》	
六方禮經	《佛說尸迦羅越六方禮經》	
玉耶女經Ⅰ	《佛說玉耶女經》	
玉耶女經Ⅱ	《玉耶女經》	

參考書目：

一、主要文獻

1. Dīgha-nikāya, Vol. iii. No. 31, Sigālovada-suttanta, pp.180～193. edited by J. Estlin Carpenter. Pali Text Society. 1911.

2. Sumaṅgala-vilāsinī, Buddhaghosa's commentary on the Dīgha-nikāya, Vol. iii. No. 31. Sigālovada-sutta-vaṇṇanā, pp.941～959. edited by W. Stede. Pali Text Society. 1932.

3. Aṅguttara-nikāya, Vol. iv. Nos.7.59. Sattabhariyā, pp.91～94. edited by Prof. E. Hardy. Pali Text Society. 1899.

4.《長阿含・善生經》〔大.Nos.1(16)〕

5.《中阿含・善生經》〔大.Nos.26(135)〕

6.《尸迦羅越六方禮經》〔大.No.16〕

7.《善生子經》〔大.No.17〕

8.《佛説阿迫達經》〔大 .No.141.〕

9.《佛説玉耶女經》〔大 .No.142.〕

10.《玉耶經》〔大 .No.143.〕

11.《增壹阿含經》〔大 .Nos.125(51.9)〕

12.〈大正新修大藏經　阿含部〉册 1、 2.

13.〈大正新修大藏經　律部〉册 22、 23、 24.

〈Pali Text Societys' Sutta Piṭaka〉:

1. Dīgha–nikāya, P.T.S., London: vols. i & iii. Ed. T. W. Rhys David & J. Estlin Carpenter, 1890, 1911.

2. Majjhima–nikāya, P.T.S., London: Vol. i. Ed. V. Trenckner, 1888.

3. Samyutta–nikāya, P.T.S., London: vol. i. Ed. M. Loeon Feer, 1884.

4. Aṅguttara–nikāya,P.T.S., London: vols. i ~ iv. Ed. R. Morris & E. Hardy, 1885, 1888, 1897, 1899.

5. Khuddaka-nikāya, P.T.S., London:

a. Itivuttaka, Ed. E. Windish, 1889.

b. Sutta-nipāta, Ed. Lord Chalmers, Harvard Oriental Series, 1913.

c. Thera-gāthā & Therī-gāthā, Ed. H. Oldenbery, R. Pischel, K.R. Norman & L. Alsdore, 1883.

d. Jākata, Ed. V. Fausboll, Vol. i. 1877; Vol. iii. 1883; Vols. v ~ vi. 1891.

Pali Text English Translations:

1. Dialogues of The Buddha i & iii.tr. T. W. & C.A.F. Rhys Davids, P.T.S., Londan, 1899, 1921.

2. The Middle Length Sayings i.tr. I.B. Horner, P.T.S., London, 1954.

3. The Book of Kindred Sayings i. tr. C.A.F. Rhys Davids, P.T.S., hondon, 1917.

4. The Book of The Gradual Sayings i ~ iv.tr. F.L. Woodward & E.M. Hare,

P.T.S., Londan, 1932, 1933, 1934, 1935.

5. a. As It Was Said, tr. F.L. Woodward, P.T.S., Londan, 1935.

b. The Group of Discourses,tr. K. R. Norman, P.T.S., Londan, 1948.

c. Elder' Verses i & ii.tr. K. r. Norman, P.T.S., Londan, 1969.

d. Stories of The Buddha's Former Births, P.T.S., Londan:
Vol. i. tr Robert Chalmess, 1895; Vol. iii. tr. H.T. Francis & R.A. Nell, 1895; Vol. v. tr. H. T. Francis, 1895; Vol. vi. tr. E.B. Cowell & W.H.D. Rouse, 1895.

日譯〈南傳大藏經〉第6，8卷　《長部經典1，3》

第9，10卷　《中部經典1》

第12卷　《相應部經典1》

第17～22卷上　《增支部經典1～4》

第23卷　《法句經、如是語經》

第24卷 《經集》

第25卷 《長老偈經、長老尼偈經》

第28，29，31～33，35～39卷 《本生經》

二、近人中文研究專書及中譯本：

1. H. Saddhatissa 著、姚治華譯《佛教倫理學》（台北：黎明文化事業公司，民國82年）

2. 印順法師著《佛法概論》（妙雲集 中編 第8冊 台北：正聞出版社，民國81年）

3. E.D.J. Conze 著、胡國堅譯 《佛教的本質及其發展》（世界佛學名著譯叢之34冊 藍吉富主編 台北：華宇出版社，民國73年）

4. 查爾斯．埃利奧特著、李榮熙譯《印度教與佛教史綱》第1卷（高雄：佛光出版社，民國79年）

5. A.K. Warder 著《印度佛教史（上）》譯本（世界佛學名著譯叢之32冊 藍吉富主編 台北：華宇出版社，民國73年）

三、近人日文研究專書：

1.中村元著《原始佛教の生活倫理》選集第15卷（東京：春秋社，昭和47年）
2.中村元著《原始佛教——その思想と生活》（東京：日本放送出版協會，昭和54年）
3.木村泰賢著《原始佛教思想論》木村泰賢全集　第3卷（東京：大法輪閣，昭和43年）
4.中村元著《宗教と社會倫理》（東京：岩波書店，昭和34年）
5.早島鏡正著《初期佛教と社會生活》（東京：岩波書店，昭和39年）
6.高木訷元著《初期佛教思想の研究》〈初期佛教の社會倫理——『シソかーラへの教誡』を中心として〉（京都：法藏館，平成3年）
7.平川彰著《原始佛教の研究》（東京：春秋社，昭和39年）
8.水野弘元著《原始佛教》（京都：平樂寺書店，昭和31年）
9.藤田宏達著《倫理學　教育學》〈第一章　原始佛教　倫理思想〉（講座佛教思想第3卷　東京：理想社，1982年）

10.山崎元一著《古代インド社會の研究》（東京：刀水書房，1987年）

四、近人英文研究專書：

1. Siddhi Butr-Indr, The Social Philosophy of Buddhism, Mahamakut Buddhist University Press. Bangkok, Thailand. 1973.
2. Walpola Rahula, What the Buddha Taught, The Gordan Fraser Gallery Ltd., Londan and Bedford. 1978.
3. E. Lamotte, History of Indian Buddhism, Universite Catholique De Lauvain Institut Orientaliste, Louvain-La-Neuve. 1988.
4. A.K. Warder, Indian Buddhism, Motilal Banarsindass Publishers, PVT. LTD. Delhi. 1980.

五、其他

1.馬香雪譯《摩奴法典》（北京：商務印書館，1985年）
2.了參譯《南傳法句經》（台北：圓明出版社，民國80年）
3.鄔昆如著《倫理學》（台北：五南圖書出版公司，民國82年）

4. William K. Frankena 著、李雄揮編譯《倫理學》（台北：五南圖書出版社，民國80年）

5. 張春興譯《心理學》（台北：東華書局，民國81年）

6. 梁懷茂著《社會學》（台北：黎明文化，民國73年）

7. *The Commentary on the Dhammapada*, Ed. H. Smith & H.C. Norman, P.T.S., London, 1906.

8. *Buddhist Legends*, tr. E.W. Burlingame, Harvard Oriental Series, London, 1921.

國家圖書館出版品預行編目資料

初期佛教家庭倫理觀 / 繼雄法師著. -- 初版. -- 臺北市
法鼓文化 1997〔民 86〕面；公分. --（智慧海；20）
ISBN 957-99006-4-7（平裝）

1.家庭倫理　2.佛教

220.139　　85009126

智慧海 20

初期佛教家庭倫理觀

法鼓文化

著者／繼雄法師
出版者／法鼓文化事業股份有限公司
總經理／張元隆
副總編輯／釋果毅
責任編輯／黃屏潻・賴月英
美術編輯／張小華
登記證／行政院新聞局局版北市業字第 176 號
地址／台北市北投區大業路 65 巷 89 號
電話／（02）893-4646；8926564
傳真／（02）896-0731
郵撥帳號／1877236-6
美國東初禪寺地址／
Ch'an Meditation Center（New York）
90-56 Corona Avenue
Elmhurst, N. Y. 11373, U, S. A.
Phone／（718）592-6593
Fax／（718）592-0717
初版／１９９７年１月
修訂版／１９９７年７月
印刷／優文印刷股份有限公司
建議售價／新台幣220元
ISBN　957-99006-4-7
網址：http://www.ddm.org.tw/culture
email：idpt315@tpts1.seed.net.tw